Richard Wagner

Entwürfe. Gedanken. Fragmente

aus nachgelassenen Papieren zusammengestellt

Richard Wagner

Entwürfe. Gedanken. Fragmente
aus nachgelassenen Papieren zusammengestellt

ISBN/EAN: 9783744622653

Hergestellt in Europa, USA, Kanada, Australien, Japan

Cover: Foto ©ninafisch / pixelio.de

Weitere Bücher finden Sie auf **www.hansebooks.com**

RICHARD WAGNER.

ENTWÜRFE. GEDANKEN. FRAGMENTE.

AUS NACHGELASSENEN PAPIEREN
ZUSAMMENGESTELLT.

LEIPZIG
DRUCK UND VERLAG VON BREITKOPF & HÄRTEL
1885.

I[A]. enthält die genaue Abschrift der handschriftlichen Blätter; es ist nichts daran geändert worden um das vollständige Abbild dieser Skizzenarbeit (aus den Jahren 1849—1851) zu geben. Aus diesem Grunde sind sogar unverständliche Notizen (S. 54) und fast wörtliche Wiederholungen beibehalten worden.

Von I[C]. ab giebt es keine zusammenhängenden Skizzen mehr, und sind alle Gedanken auf einzelne Blätter oder in Notiz-Büchern aufgezeichnet worden. Es ist versucht worden sie nach ihrem inneren Zusammenhange zu ordnen, und zugleich eine chronologische Reihenfolge aufzustellen.

Bezüglich der Schreibart sind die Unterschiede beibehalten worden, wie sie in der Reihe der Jahre von 1849—1883 sich herausgebildet haben.

Das Programm III besteht aus dem übersetzten Bruchtheil eines französischen Briefes, hat demnach keine Original-Überschrift.

Am Schlusse des Bandes geben zwei Verzeichnisse: a. den Zusammenhang der einzelnen Gedanken mit den gesammelten Schriften an; b. die Veränderungen, welche der Klarheit wegen vorgenommen worden sind.

Freiherr von Wolzogen hat es übernommen in den Bayreuther Blättern das Bild der Entstehung und Entwickelung dieser Aufzeichnungen zu entwerfen.

[redacted] Aussprüche.

Das Volk, da[redacted]it nicht ehrt, hat keine Zukunft.

Lykurgos von Sparta.

»Wenn man viel selbst denkt, so findet man viele Weisheit in die Sprache eingetragen.«

Lichtenberg.

IA.

Entwürfe.

Flüchtige Aufzeichnungen einzelner Gedanken zu einem grösseren Aufsatze: Das Künstlerthum der Zukunft.

Künstlerthum der zukunft.

Zum prinzip des communismus.

Welchen endlichen, positiven zweck haben doch alle die durch sage u. geschichte, religion und statsverfassung sich kundgebenden bestrebungen, göttliche und dann sonst wie herkömmliche berechtigungen für willkürlichen besitz und das eigenthum aufzufinden? Sehen wir einen eroberer, einen gewaltsamen anmasser, volk oder individuum, der sein willkürliches sichaneignen nicht auf religiöse, mythische oder irgend wie aufgefrischte vertragsmässige rechtfertigungen zu begründen sucht? Woher all diese so überraschenden erfindungen, deutungen u. s. w., denen wir die gestaltungen von religionen und statsverfassungen allein zu verdanken haben? Unstreitig daher, weil der nachdenkende mensch keine wirkliche berechtigung, kein wahrhaftes natürliches recht auf diesen oder jenen besitz u. s. w. sich zusprechen konnte, daher, um ein doch gefühltes und ängstigendes berechtigungsbedürfniss zu befriedigen, sich der ausschweifung der phantasie überlassen musste, die denn auch in unseren heutigen statsinstitutionen, so nüchtern sie aussehen, zum hohn der gesunden vernunft ihre ausgeburten niedergelegt hat. u. s. w.

* * *

Ihr glaubt, mit dem untergange unserer jetzigen zustände und mit dem beginn der neuen, communistischen weltordnung, würde die geschichte, das geschichtliche leben der menschen aufhören? Gerade das gegentheil, denn dann wird wirkliches, klares geschichtliches leben erst beginnen, wenn die bisherige sogenannte historische consequenz aufhört, welche sich in wahrheit und ihrem kerne nach auf fabel, tradition, mythus und religion begründet, auf herkommen und einrichtungen, berechtigungen und annahmen, die in ihren äussersten punkten keinesweges auf geschichtliches bewusstsein, sondern auf (meist willkürlich) mythischer, phantastischer erfindung beruhen, wie namentlich die monarchie und der erbliche besitz. u. s. w.

* * *

Das streben nach ideeller rechtfertigung eines unrechtmässigen besitzes entsteht immer erst da, wo das unmittelbare geschlechts- oder persönliche anrecht sich gleichsam aus dem blute der menschen verwischt hat. Im anfang leitete der mensch von sich, seinem bedürfniss und seiner genussfähigkeit einzig alles recht auf genuss oder besitz ab: seine kraft war sein recht, und insofern sie auf seine nachkommenschaft überging blieb bei seinem geschlechte ganz folgerichtig auch das recht, das geschlecht trat für die person ein; immer aber war es bei der geschlechtsverfassung der mensch, der voran stand und die sache sich unterthan machte: der vollkommene gegensatz ist endlich der, wo das recht von der sache auf den menschen übergetragen wird: der mensch hat an und für sich demnach gar kein recht, nicht einmal das des existirens, sondern diess erhält er einzig erst durch den besitz, durch die sache; diesem unvernünftigem verhältnisse nun eine begründung zu verschaffen wird nach ideellen berechtigungsgründen gegriffen, welche der eigenschaft der sachen gleichsam inwohnen sollen. u. s. w.

Nur das vollste mass zeigt die wirkliche eigenschaft einer sache wie eines begriffs; erst wenn kein comparativ mehr zu denken ist, ist der begriff rein u. wirklich: die Griechen kannten den superlativ des freien nicht, — erst durch den superlativ des gegensatzes, der entmenschlichung kommen wir jetzt zur vollen kenntniss, weil zum vollsten bedürfnis der freiheit. — Die natur giebt uns schlechtweg den positiv: erst die geschichte giebt den superlativ. Der hellene zeigt uns das herrliche, was der mensch sein kann, er zeigt uns aber auch das schändliche, was er sein kann: dass der mensch ganz das nur ist was er sein soll, muss er diess: soll in den superlativ stellen.

* * *

Das bewusstsein ist das ende, die auflösung des unbewusstseins: die unbewusste thätigkeit ist aber die thätigkeit der natur, der inneren nothwendigkeit; erst wenn das resultat dieser thätigkeit sinnlich zur erscheinung gekommen ist, tritt — und zwar eben an der sinnlichen erscheinung — das bewusstsein ein. Ihr irrt nun also wenn ihr die revolutionäre kraft im bewusstsein sucht, — und demnach durch die intelligenz wirken wollt: eure intelligenz ist falsch, u. willkürlich — so lange sie nicht die wahrnehmung des bereits zur sinnlichen erscheinung gereiften ist. Nicht Ihr, sondern das volk — das — unbewusst — deshalb aber eben aus naturtrieb handelt, — werdet das neue zu stande bringen; die Kraft des volkes ist aber eben noch so lange gelähmt, als es von einer veralteten intelligenz, von einem hemmenden bewusstsein sich fesseln und leiten lässt: erst wenn diese vollständig von u. in ihm vernichtet sind, — erst wenn wir alle wissen und begreifen, dass wir nicht unsrer intelligenz, sondern der nothwendigkeit der natur uns überlassen müssen, wenn wir also so kühn geworden sind unsre intelligenz zu verneinen, erhalten wir alle die kraft aus natürlichem unbewusstsein, aus der noth heraus das neue zu produziren, den drang der natur durch seine befriedigung uns zum bewusstsein zu bringen.

* * *

Die vollkommenste befriedigung des egoismus erreicht sich im communismus, d. i. durch vollständige verneinung, aufhebung des egoismus, denn ein bedürfnis ist nur dann befriedigt, wenn es nicht mehr vorhanden ist, — der hunger ist befriedigt, wenn er gestillt, also nicht mehr da ist. meinen physischen egoismus, d. h. mein lebensbedürfniss, befriedige ich der natur gegenüber durch verzehren, nehmen; meinen moralischen egoismus: d. h. mein liebesbedürfnis den menschen gegenüber durch mich geben, mich versenken. Der moderne egoismus hat das entsetzlich widerliche, dass er das moralische wie das physische bedürfniss nur durch verzehren, nehmen zu stillen vermeint, — dass er die gleiche gattung des menschen in die kathegorie der aussermenschlichen natur stellt. —

* * *

Das durch naturnothwendigkeit zur sinnlich dargestellten gewissheit gelangte kann uns erst gegenstand sein, an ihm erst tritt das bewusstsein ein; nur das fertige weiss ich, nur was meinen sinnen sich darstellt, darüber bin ich gewiss: an ihm auch nur wird mir das wesen deutlich, ich kann es erfassen, mich seiner bemächtigen und als kunstwerk es mir darstellen. Das kunstwerk ist somit der schluss, das ende, die vollste vergewisserung des mir bewusst gewordenen wesens. — Irrthümlich ist aber das kunstwerk in das stets werdende und neu schaffende leben gesetzt worden und zwar als: stat. Die erscheinung des states tritt gerade da ein, wo das kunstwerk aufhörte: das tägliche leben selbst kann aber nicht der gegenstand bindender, auf dauer berechneter formung sein: das gesammtleben ist eben das bewusstlose walten der natur selbst, es hat sein gesetz in der nothwendigkeit: diese nothwendigkeit sich aber in politischen staatsformen als bindend zur darstellung bringen zu wollen, ist unseliger irrthum, eben weil das bewusstsein nicht vorangestellt werden kann, um, so gleichsam das unbewusstsein zu regeln: das unbewusste ist eben das unwillkürliche, nothwendige und schöpferische, — erst wenn ein allgemeines bedürfniss aus dieser unwillkürlichen nothwendigkeit heraus sich befriedigt hat, tritt das bewusstsein hinzu, und das befriedigte, vergangene, kann gegenstand bewusster behandlung durch darstellung sein; diess erreicht sich aber in der kunst u. nicht im stat: der stat ist der damm des nothwendigen lebens, die kunst ist der bewusste ausdruck des durch das leben vollendeten, überwundenen: so lange ich hunger empfinde, beachte ich die natur des hunger's nicht: er beherrscht mich, nicht ich ihn; ich leide und bin erst wieder frei, wenn ich mich seiner entledigt habe, — und erst wenn ich satt bin kann mir der hunger gegenstand des denkens, des bewusstseins werden. Der stat will aber das leben, das bedürfnis selbst darstellen: er will das wissen von der befriedigung eines früheren bedürfnisses als norm für die befriedigung aller zukünftigen bedürfnisse festhalten: diess ist sein unnatürliches wesen. Die kunst begnügt sich dagegen damit, der unmittelbare ausdruck des bewusstsein's von der befriedigung einer nothwendigkeit zu sein, — diese nothwendigkeit ist aber das leben selbst, das der stat nur hindern, nie aber beherrschen kann.

* * *

Die kunst befasst sich nur mit dem vollendeten, — der stat auch — aber mit der anmassung es als norm für die zukunft festzuhalten, die ihm doch nicht gehört, sondern dem leben, der unwillkür. Die kunst ist daher wahr und aufrichtig, — der stat verwickelt sich in lügen und widersprüche, — die kunst will nicht mehr sein als sie sein kann — der ausdruck der wahrheit, — der stat will mehr sein, als er sein kann; — so ist die kunst ewig, weil sie das endliche stets getreu u. redlich darstellt — der stat endlich, weil er den moment für die ewigkeit setzen will und in sich daher todt ist ehe er noch in's leben tritt.

* * *

Der eigentliche erfinder war von jeher nur das volk, — die namhaften einzelnen sogenannten erfinder haben nur das bereits entdeckte wesen der erfindung auf andere, verwandte gegenstände übergetragen, — sie sind nur ableiter. Der einzelne kann nicht erfinden, sondern sich nur der erfindung bemächtigen.

* * *

Wir dürfen nur wissen was wir nicht wollen, so erreichen wir aus unwillkürlicher naturnothwendigkeit ganz sicher das, was wir wollen, das uns eben erst ganz deutlich u. bewusst wird, wenn wir es erreicht haben: denn der zustand, in dem wir das, was wir nicht wollen, beseitigt haben, ist eben derjenige, in welchem wir ankommen wollten. So handelt das volk, und desshalb handelt es einzig, richtig. — Ihr haltet es aber deshalb für unfähig.

weil es nicht wisse was es wolle: was wisset nun aber Ihr? könnt ihr etwas anderes denken und begreifen, als das wirklich vorhandene, also erreichte? Einbilden könnt ihr es euch, — willkürlich wähnen, aber nicht wissen. Nur was das volk vollbracht hat, das könnt ihr wissen, bis dahin genüge es euch, ganz deutlich zu erkennen, was ihr nicht wollt, zu verneinen, was verneinenswerth ist, zu vernichten, was vernichtenswerth ist.

* * *

Wer ist denn das volk? Alle diejenigen, welche noth empfinden, und ihre eigene noth als die gemeinsame noth erkennen, oder sie in ihr inbegriffen fühlen.

* * *

Das volk sind also die, die unwillkürlich und nach nothwendigkeit handeln, seine feinde sind die, die sich von dieser nothwendigkeit trennen und nach willkür egoistisch handeln.

* * *

Der moderne egoist kann die innere noth nicht fassen, er versteht sie nur als äussere, von aussen eindrängende noth: z. b. der künstler würde nicht kunst machen, wenn ihn nicht die noth, d. h. die geldnoth dazu triebe. Deshalb sei es auch gut, dass es künstlern schlecht 'gehe, sie würden sonst nichts arbeiten.

* * *

Nur eine noth, die ihrem wesen nach eine gemeinsame ist, ist auch eine wirkliche, in ihrem verlangen nach befriedigung schöpferische noth: nur wer daher eine gemeinsame noth fühlt, gehört zum volk. Die noth des egoisten ist ein isolirtes, der gemeinsamen nothdurft entgegenstehendes bedürfnis, — u. deshalb unproductiv, weil willkürlich.

* * *

Nur das sinnliche ist auch sinnig: das unsinnliche ist auch unsinnig: das sinnige ist die vollkommenheit des sinnlichen; — das unsinnige der wahre gehalt des unsinnlichen.

* * *

Die bewusste that des dichters ist in dem zur künstlerischen darstellung erwählten stoffe die nothwendigkeit seiner fügung aufzudecken, und so der natur nachzuarbeiten: er möge wählen welchen stoff, welchen vorfall er wolle, — nur in dem grade wird er in seiner darstellung ein kunstwerk liefern, als er die unwillkürlichkeit, d. i. die nothwendigkeit darin erkennt und zur anschauung bringt. — was daher das volk, die natur durch sich selbst produzirt, kann erst dem dichter stoff werden, durch ihn aber gelangt das unbewusste in dem volksprodukte zum bewusstsein, und er ist es der dem volke dies bewusstsein mittheilt. In der kunst also gelangt das unbewusste leben des volkes sich zum bewusstsein, und zwar deutlicher und bestimmter als in der wissenschaft.

* * *

Schaffen kann also der dichter nicht, sondern nur das volk, oder der dichter nur insofern, als er die schöpfung des volkes begreift und ausspricht, darstellt.

* * *

Nur die wissenschaft, die sich ganz und vollkommen selbst verläugnet und der natur alle und jede gültigkeit zugesteht, also nur die natürliche nothwendigkeit bekennt, sich selbst dadurch als reglerin und anordnerin aber gänzlich vernichtet, verneint, — nur diese wissenschaft ist wahr: die wahrheit der wissenschaft beginnt also da, wo sie ihrem wesen nach aufhört und nur als das bewusstsein der natürlichen nothwendigkeit übrig bleibt. Die darstellerin dieser nothwendigkeit ist aber — die kunst.

* * *

Die wissenschaft hat nur solange macht und interesse, als in ihr geirrt wird: sobald in ihr das wahre gefunden ist, hört sie auf: sie ist daher das werkzeug, das nur solange von wichtigkeit ist, als der stoff, auf dessen gestaltung es nur ankommt, dem werkzeuge noch wiedersteht: — ist der kern des stoffes enthüllt, so verliert das werkzeug für mich allen werth: so die philosophie.

* * *

Die wissenschaft ist die höchste kraft des menschlichen geistes; der genuss dieser kraft aber ist die kunst.

* * *

Der irrthum (christenthum) ist nothwendig, nicht aber die nothwendigkeit selbst: die nothwendigkeit ist die wahrheit, welche überall als treibende — selbst den irrthum treibende — kraft hervortritt, wo der irrthum sein ziel erreicht, sich selbst vernichtet hat und zu ende ist. Der irrthum ist daher endlich, die wahrheit ewig: so ist die wissenschaft endlich u. die kunst ewig: denn wo die wissenschaft ihr ende findet, im erkennen des nothwendigen, des wahren, da tritt die kunst als thätige wirksamkeit der wahrheit ein, denn sie ist das bild des wahren, des lebens.

* * *

Wollen kann ich alles — ausführen aber nur das, was wahr und nothwendig ist; der sich von der gemeinsamkeit abhängig machende will daher nur das nothwendige, der von der gemeinsamkeit sich abziehende — der egoist, — das willkürliche. Die willkür vermag deshalb aber eben nichts zu produziren.

* * *

Vom irrthum ging die wissenschaft aus: der irrthum der griechischen philosophen war aber nicht kräftig genug zur selbstvernichtung, erst der grosse volksirrthum des christenthumes hatte die ungeheure wucht sich selbst zu vernichten. Auch hier ist also das volk die entscheidende kraft.

* * *

Alles wächst aus dem leben. Als sich der polytheismus factisch durch das leben vernichtet hatte, und die philosophen ihn wissenschaftlich zerstören halfen, trat die neue schöpfung von selbst im christenthum hervor. Das christenthum war die geburt des volkes; solange es ein rein populärer ausdruck war, war in ihm alles kräftig wahr und ehrlich — ein nothwendiger irrthum: unwillkürlich zwang diese populäre erscheinung alle intelligenz u. bildung der römisch-griechischen welt zur bekehrung zu ihm, und erst als es dadurch wieder zum gegenstande der intelligenz, der wissenschaft ward, zeigte sich in ihm der irrthum unredlich, heuchlerisch, als theologie — wo die theologie nicht weiter konnte, trat die philosophie ein, und diese endlich hebt sich selbst auf, indem sie den irrthum in sich, auf einer unnatürlichsten höhe vernichtet, sich selbst — als wissenschaft verneint — und der natur u. nothwendigkeit nur noch die ehre lässt: — und siehe da, als die wissenschaft so weit ist, stellt sich von selbst bereits der populäre ausdruck ihres resultates im communismus heraus, der wiederum nur aus dem volk entsprungen ist.

* * *

Der irrthum des volkes ist aber nur die thatsächliche bestätigung, das bekenntnis des grades des allgemein möglichen; deshalb wechselt er auch und löst sich, weil die menschheit heute nicht mehr dieselbe ist, die sie z. b. vor hundert jahren war. Dieser irrthum ist daher redlich, weil unwillkürlich.

* * *

Was der mensch der natur ist, das ist das kunstwerk dem menschen: alle für das dasein der menschen nöthigen bedingungen erzeugten den menschen, der mensch ist das product des unbewussten, unwillkürlichen zeugen's der natur, in ihm selbst aber, in seinem dasein und leben, — als einem von der natur wiederum unterschiedenen, stellt sich das bewusstsein überhaupt aber heraus. Ebenso nun, wenn aus dem unwillkürlichen, nothwendig gestaltenden leben der menschen die bedingungen, unter denen das kunstwerk vorhanden sein kann, tritt auch das kunstwerk ganz so von selbst, als bewusstes zeugnis dieses leben's, hervor: es entsteht, sobald es entstehen kann, dann aber auch mit nothwendigkeit.

* * *

Das leben ist die unbewusste nothwendigkeit, die kunst die erkannte, und mit bewusstsein dargestellte, vergegenständligte nothwendigkeit: das leben ist unmittelbar, die kunst unmittelbar. —

* * *

Nur wo ein lebensbedürfnis auf die einzig mögliche weise — nämlich — sinnlich gestillt, daher auch sein wesen sinnlich zur erscheinung gekommen ist, wird die kunst vorhanden sein können: denn volles bewusstsein ist nur in der sinnlichkeit: — das christenthum war dagegen unkünstlerisch — u. die einzigen christlichen künstler sind eigentlich die kirchenväter, welche den naiven, populären, kernhaften volksglauben rein und unentstellt darstellten.

* * *

Der mensch, wie er der natur gegenüber steht, ist willkürlich und deshalb unfrei: aus seiner entgegengesetztheit, seinem willkürlichen zwiespalt mit ihr, sind all seine irrthümer (in religion und geschichte) hervorgegangen: erst wenn er die nothwendigkeit in den natürlichen erscheinungen und seinen unlösbaren zusammenhang mit ihr begreift und sich ihrer bewusst wird, ihren gesetzen sich fügt, wird er frei. So der künstler dem leben gegenüber: so lange er wählt, willkürlich verfährt, ist er unfrei; erst wenn er die nothwendigkeit des leben's erfasst, vermag er sie auch darzustellen: dann aber hat er auch keine wahl mehr, u. ist somit frei u. wahr.

* * *

Das wesen des verstandes ist durchaus willkürlich, weil er zunächst die erscheinungen nur auf sich bezieht, erst wenn er im gemeinsamen verstande, in der vernunft aufgeht, d. h. die allgemeine nothwendigkeit der dinge erkennt, ist er frei.

Moderne dichtkunst. literatur. — das natürliche kunstwerk wuchs aus dem tanze, u. der musik vermöge der sprache bis zum drama: die dichterische absicht trat hervor sobald alle bedingungen der verwirklichung derselben im voraus erfüllt waren; nach der trennung u. egoistischen fortbildung der künste kommen wir schliesslich zu dem resultate, dass z. b. der literat ein schauspiel schreibt und über den schauspieler nur wie über ein werkzeug disponirt, wie der bildhauer über den thon u. stein; — der schauspieler nun, der von der gleichberechtigten mitwirksamkeit von vornherein ausgeschlossen, zum werkzeug erniedrigt worden war, rächt sich in seiner gleichgültigkeit gegen die dichterische absicht, indem er seine isolirte persönliche eitelkeit zu befriedigen sucht. u. s. w. (Sehr wichtig!) Jedes will für sich alles sein.

(:die dichtkunst ist nicht der anfang sondern das .ende, d. i. das höchste: sie ist das bewusste einverständnis aller künste zur vollsten mittheilung an die allgemeinheit.)

I. Die menschliche kunst: — tanz. musik. dichtkunst. — Ihre untrennbarkeit. wachsthum der einen aus der andren: dennoch gleichzeitigkeit — gleichdenkbarkeit aller: am frühesten vereint in der lyrik: am verständlichsten im drama. (natürliche, patriarchale genossenschaft: — selbstbewusste politische statsgenossenschaft.): — hülfsmittel des drama's, architektur (decoration). bildhauerei, — malerei: — erinnerungen, vorstellungen, d. h. nachahmungen des menschlichen kunstwerkes: — trennung der kunstelemente, egoistische entwicklung derselben.

II. Tanz.

III. Musik.

IV. Dichtkunst. d. i. literatur-poësie.

V. Bildhauerei u. plastik. (wo diese beide blühen, wie jetzt, in der renaissance und in der römisch-griechischen zeit, da blüht das drama nicht; wo dieses aber blüht, müssen jene erbleichen.)

VI. Wiedervereinigung. (egoismus — communismus.) Geben ist seliger denn nehmen.

Zu VI. Diese wiedervereinigung kann dem ganzen zustande unserer jetzigen socialen bildung gemäss, nur in dem einzelnen einer ihm inwohnenden ungewöhnlichen fähigkeit gemäss vollbracht werden: wir leben daher in der zeit des vereinzelten Genie's, der reichen entschädigenden individualität einzelner. In der zukunft wird diese vereinigung wirklich communistisch durch die genossenschaft zu stande kommen; das Genie wird nicht mehr vereinzelt dastehen, sondern alle werden am Genie thätig theil haben, das Genie wird ein gemeinsames sein. Wird diess ein verlust, ein unglück sein? Nur dem egoisten kann es als solches gelten. (Sehr wichtig.)

Zu V. In der malerei tritt bei ihrer jetzigen stufe, namentlich, das umgekehrte speculative verfahren ein, dass die idee eher vorhanden ist als die ausführung: im drama wächst die idee, als bekenntniss des fertigen, des sich selbst bewusstgewordenen lebens, gleichsam aus der materie, dem sinnlichen menschen heraus; bei bildhauerei und malerei herrscht das umgekehrte verfahren, die idee steht voran und sucht sich zu verkörpern. Dies letztere ist denn willkür, das erstere nothwendigkeit. Der fertige künstlerische mensch bemächtigte sich der ausser ihm liegenden materie zu einem seinem menschlichen kunstwerke dienenden zwecke: er erhob die behandlung und verwendung dieser materie dadurch zur kunst, dass er

Nothwendigkeit: d. i. menschliche kunst. — Willkür: d. i. die sogenannte bildende kunst. Nothwendigkeit: d. i. freiheit. — Willkür: d. i. unfreiheit, wahl u. bestimtheit.

das bedürfniss der menschlichen kunst in dieser behandlung und verwendung zur nothwendigkeit machte, die nothwendigkeit des menschlichen kunstwerkes daher diesem mittheilte; insofern demnach bildhauerei u. malerei in das bereich und zur mitwirkung des menschlichen kunstwerkes gezogen und verwendet wurden, nahmen diese künste auch theil an der nothwendigkeit, insofern sie sich aber vom menschlichen kunstwerke ablösten und vereinzelt auftraten verfielen sie der willkür und daher wirklicher abhängigkeit.

Zu III. Die musik auf der gränzscheide zwischen tanz und sprache, empfindung u. gedanke. Sie vermittelt beide in der antiken lyrik wo das lied, das gesungene wort, zugleich den tanz befeuerte und maass gab. Tanz — und — Lied; rhythmus — u. melodie, so steht sie verbindend und zugleich abhängig zwischen den äussersten fähigkeiten des menschen, der sinnlichen empfindung u. dem geistigen denken. Das meer trennt u. verbindet, — so die musik.

* * *

Die griechische tragödie ein religiöser act: schöne, menschliche religion, dennoch befangenheit: der mensch sah sich wie durch einen mythischen schleier. Im griechischen mythus war das band noch nicht zerrissen, mit dem der mensch an der (in der) natur haftete. Mythus und mysterie: daher haften in der lyrik, — masken, sprachröhre u. s. w. Mit steigender aufklärung, d. h. zersprengung des naturbehafteten kernes sank auch das religiöse drama, und der ganz nackte, unverhüllte mensch ward der gegenstand der plastik, bildhauerei etc. Dieser von aller religion losgetrennte mensch stieg allerdings vom kothurn herab, entkleidete sich der verhüllenden maske u. s. w., verlor somit aber auch seinen communistischen zusammenhang mit der religiös gebundenen allgemeinheit — er entwickelte sich nackt und unverhüllt — aber als egoist — wie im staate, der im egoismus der einzelnen zu grunde ging, — und erst an diesem egoistischen aber wahrhaften, aufgeklärten menschen bildete sich die bildhauerkunst u. s. w. aus: ihr war der mensch stoff, dem kunstwerk der zukunft werden die menschen stoff sein. *Sehr wichtig.*

Das genie der gemeinsamkeit.

I. 1 Die ursprüngliche gemeinsamkeit der menschen: familie, geschlecht, nation, schöpferische kraft des gemeinsamen genie's: Sprache. religion. staat. nach ihrer unwillkürlichen entstehung. vergegenständlichung des eigenen wesen's im mythos — darstellung desselben im lyrischen kunstwerk. mythos — lyrik. Der mythos als unmittelbarer künstlerischer lebensakt dargestellt im lyrischen kunstwerk. Namenlosigkeit (unpersönlichkeit) des dichters: die darstellung — die stets neu und in mannigfaltiger verschiedenheit erscheinende — ist alles, der dichter nur ein glied der darstellenden genossenschaft. — Unermessliche productivität dieses gemeinsamen genie's: es erfasst alles persönliche nach dem wesen der geschlechtlichen oder nationalen gattung, identificirt es mit der natur-anschauung, und erzeugt so den unerschöpflichen reichthum, in welchem uns jetzt noch sage und mythos sich erkennen lassen. Ganz in der weise als der stoff sich immer selbst unwillkürlich und neu reproducirte, ebenso auch das kunstwerk, zu dem er die anregung gab. Erfindung aller formen der rein menschlichen kunst auf der grundlage der darstellenden leibesbewegung. — Ueberblick: allgemeine charakterisirung, (geschlechtliche besonderheit).

2 Auflösung der geschlechtlichen besonderheit durch die individualität bis zur vollsten herrschaft der willkür.

Beginn der geschichte. Charakteristischer unterschied der geschichte vom mythos. — Heroenthum 1°, der massen, d. h. der geschlechtlichen genossenschaften. Mischung, d. h. unterjochung der kultivirteren — ackerbauenden — völker durch kriegerische — meist gebirgs- u. jagd-stämme. Charakteristik der unterjochten völker: stätigkeit, eigenthum, individuelle willkür — (patriarchat) — schwäche: endlich durch die unterjochung erklärter verlust und

Besonderheit d. i. verhältniss zur natur, nicht aber zur allgemeinen, sondern zur besondren eigenthümlichkeit des speciellen wohnsitzes. Beschränkte naturanschauung; die besonderen naturgötter, die besonderen götter des stammes. Besonderheit der hellenischen stämme: das meer, ufer. Bergvölker an das meer gelangt blieben so lange im heroenthum, als der meerverkehr nicht zum handel wurde.

untergang der nationalität, rest: feldbauer — ohne eigenthum, arbeiter — ohne gewinn von der arbeit: sclaven. — Charakteristik der herrenstämme: fortgesetzte geschlechtliche gemeinsamkeit in sprache, religion, staat, mythos und kunst. Gemeinschaftlichkeit des eigenthum's: unter diesem eigenthum sind nun aber auch menschen begriffen. Feldbau und häusliche arbeit zur zwangsbeschäftigung der sklaven degradirt: ohne natürliche, nothwendige thätigkeit verliert das band der gemeinsamkeit somit seine befruchtende quelle, wird unproductiv. Alle thätigkeit ist nur noch kriegerische unternehmung nach aussen, und sorge für die erhaltung der knechtschaft der unterjochten nach innen. Irrewerden an sich und allmäliges verlieren des verständnisses des eigenen wesens: künstliche (willkürliche) vergegenständlichung desselben in — der gesetzgebung, d. i. gewaltsames festhalten alter, unwillkürlicher anschauungen vom wesen der gemeinsamkeit zu einer zeit, wo diese sich bereits, bei verändertem wesen, ebenfalls verändert hatten. Zwang der gesetze. Gesetz und sünde. Gewaltsame isolirung, — verderbniss durch mangel an nothwendiger thätigkeit, — zusammenschrumpfen zur adelskaste. — Die, ihren herrn immer nothwendiger werdenden unterjochten volksgeschlechter, — landbauer, arbeiter — bilden endlich den kern der opposition, der sich schliesslich — mit dem beginn der geschichte, als demokratie kund giebt. (Was zuvor in Sparta Heloten und Messenier waren, erscheint endlich in Athen dem ersten rein politischen staate — als demokratie.)

Skandinavien — göttermythos. } Gemeinschaft-
Franken — heroenmythos.

liches kunstwerk der heroischen — erobernden geschlechtsgenossenschaften: das epos. In ihm verdrängt der heroenmythos den (natur) götter-mythos — der solange, in der lyrik, blühte, als die geschlechter auf dem grunde und boden ihrer heimathlichen geburtsstätte weilten, und in unmittelbarer beziehung zu der natürlichen beschaffenheit derselben blieben. (Mischung beider elemente in der Odyssee: —)

Nach der wanderung, auf einem fremden boden und als herren eines unterjochten volksstammes, werden die geschlechtlichen — natur-götter aber zu heroen; im heros stellt die kriegerische genossenschaft sich selbst dar, feiert seine kraft und seine abentheuer. Stark hervortretende menschliche individualisirung — wie im götter-mythos individualisirung der

(Allmälige ablösung des menschen von der natur:) unabhängigwerden von ihr durch unterjochung von menschen, die für sie im unmittelbaren verkehr mit der natur bleiben. (Organisation der heroischen genossenschaft.)

naturmächte. Schöpferische theilnahme der ganzen stammgenossenschaft am epos. — Im unterjochten, entnationalisirten volke erhält sich jedoch mehr der natur-götter-mythos in der lyrik: Beständiger verkehr des landvolkes mit der natur, dem grund u. boden u. seinen natürlichen beschaffenheiten: wechsel der jahreszeiten — uralte feste: feier des frühlinges, der weinlese u. s. w. osterkampf. natürliche heiterkeit: natur-götter in phantastischen gestalten, Satyrn, Faunen: kobolde, nixen u. s. w. ländliche spiele in diesen phantastischen masken; aufzüge: älteste grundlage des drama's: komödie. — Hiergegen untergang des epos mit dem nothwendigen verblühen der herrschenden heldengeschlechter: eintretende staatseinrichtungen — areopag. (christenthum = inquisition) conservative sorge. Die patricische individualität bemächtigt sich des volkskunstwerkes, des drama's, prägt ihm seine feierlichen episch-heroischen, conservativen tendenzen ein: tragödie. Vermälung des adels mit dem volk: der tragödie musste aber stets zum beschluss das satyrspiel folgen (nothwendiges zugeständniss!) wenn das

(Mangel an individualität: naturreligion symbolisch — heroenreligion typisch.)

Christliche mysterienspiele mit den komischen zwischenspielen. Shakespeare und der clown. —

schicksal die heldengeschlechter vernichtet hatte, feierte das volk sich selbst in seinem eigenthümlichsten kunstwerk.

Unterschied zwischen der religion des adels und des volkes. Vollständige vernichtung des adels: gänzliche reaction des volkskunstwerkes gegen das adelskunstwerk: die komödie. Euripides — Aristophanes. — — Aristophanes und Sokrates. — Aristokratie der intelligenz — (philosophie.) und kulturkunst (bildhauerei und malerei.) Der philosoph u. staatsmann sucht die gemeinsamkeit künstlich zurückzuconstruiren: er hält unwillkürlich aber immer nur die heroische (adels-) gemeinsamkeit im auge: bis auf den heutigen tag dünkt ihm der sclave, der unwissende, unentbehrlich. Der intelligente hält sich für den berechtigten, weil er intelligent ist, — und drückt den unwissenden hinab, dem er verwehrt intelligent zu werden. — Absolute willkür eines jeden: untergang aller gemeinsamkeit — ausser der der nothleidenden: religion der nothleidenden — Christenthum. Irrthum, sieg und verderbniss des Christenthumes: wie die natur-religion des ersten volkes in einer herrschsüchtigen demokratie zu grunde ging.

Die plastik sucht das heroische kunstwerk zu erhalten. — Von da ab beständig conservative tendenz der Kulturkunst.

Je mehr die herrschenden geschlechter die religion zu ihrem besonderen eigenthum und zum mittel der herrschaft machten, verlor das volk im allgemeinen den sinn für religion, die ihm unverständlich ward, ja, als den herrschenden günstig, ihm feindlich erscheinen musste. Römische sacra: patricische herrschaftsmittel. Auflösung der römischen religion in den abstrakten rechtsbegriff — eigenthum. Gleichgültigkeit des volkes gegen sie. Christenthum: priesterherrschaft — protestantische fürstenherrschaft: irreligiosität der masse. — Welches interesse hatte der Helot, das attische volk u. s. w. endlich an der religion? — So ging auch endlich die religiöse bedeutung jener ländlichen feste verloren. Der gott der armen leute: Pan. Volkshumor. Die phantastischen masken — ursprünglich naturgötter darstellend — stellten endlich das volk selbst dar, wie die heroengötter, endlich zu heroen — menschen — selbst geworden waren. Katholicismus und sein gegensatz: der heroische adel. Neue individuelle heroengeschlechter: germanische eroberungen. Neue adels- und besitz-gemeinsamkeit: neue Heloten und sklaven. dagegen fictive allgemeinsamkeit im katholicismus. Kreuzzüge: auflösung der katholischen gemeinsamkeit: monarchische nationalitäten: basis derselben = der aristokratismus der herrschenden geschlechter. Charakteristik dieser nationalitäten: sprachen, künste. — Schnelles kundwerden der lüge dieses nationalismus den erscheinungen der neuesten zeit gegenüber: untergang aller religion, luxus der intelligenz und industrie: dagegen — noth der arbeiter: socialismus, communismus — allmenschlichkeit: — untergang der geschichte, d. i. des willkürlichen gebaren's der, aus der gemeinsamkeit losgelösten, egoistischen individualitäten. (Allgemeiner überblick.)

II. Was ist nun das werk der individualität, d. i. der willkürlichen, gewesen? — Die vernichtung der geschlechtlichen und nationalen schranken, und kundmachung der nothwendigkeit der erlösung des individuums in die menschliche allgemeinheit. Darstellung der entwickelung der politischen individualität.

politische individualität:
Alexander. —.
Napoleon. —.
(unvermögen.)
Künstlerische.
Aeschylos —
Goethe. —

das monumentale.
Zeit.
unseligkeit —
unproductivität

untergang des
monumentalen.

III. Standpunkt des individuellen genies in der gegenwart. — Nothwendigkeit seiner erlösung in die gemeinsamkeit. Geschichtlicher und socialer drang dazu. — Grund der unschönheit im modernen leben. Darstellung der gemeinsamkeit der zukunft. Genossenschaften. Gemeinde. Altersverschiedenheit: — natürliche mannigfaltigkeit. — Erziehung. Liebe. Alter. — Allgegenwärtigkeit aller momente des lebens zu gleicher zeit durch den communismus. Das gemeinsame genie.

I. Die ursprüngliche (geschlechtliche) gemeinsamkeit der menschen, zusammenhang mit der natur, ihre werke: sprache, religion, sitte, — mythos, lyrik. — Allmälige ersetzung der gemeinsamkeit durch die individualität: heroenthum 1., masse — eroberungsvölker. 2., persönlichkeit — politik. — Kunst im allgemeinen: epos, tragödie — comödie. — philosophie: catholicismus: — moderner nationalismus — socialismus — communismus.

II. Stellung des individuum's zu gemeinsamkeit. — politische individualität: Alexander — Napoleon.

(ausgangspunkt — endpunkt.) übergänge. — Künstlerische individualität: Aeschylos — Goethe. (Aristophanes — Sokrates.) — Das Monumentale. Zeit. Unproductivität. Unseligkeit. —

III. Das individuelle genie und die moderne gemeinsamkeit. — Charakteristik der mod. gemeinsamkeit. Unschönheit. — Erlösung. Untergang der geschichte und des monumentalen im socialen drange der gegenwart begründet. — Folgerung auf die gemeinsamkeit der zukunft. —

In der bildenden kunst lernte der mensch die natur erkennen durch beobachtung und nachahmung: seine erfahrung war abgeschlossen als das richtige verhältniss zwischen erscheinung und auffassung seiten der menschlichen fähigkeit gefunden war. In der bildenden kunst war daher ein bestimmter gang durchzumachen, der vom missverständniss bis zum verständniss der natur: diess ist der grund ihrer lebensfähigkeit als abstrakte, ganz für sich bestehende kunstart: sie hat wie jede andere einzelne kunstart eine ihrer besonderen natur nothwendige entwickelung durchzumachen gehabt, die da aber von selbst sich beschliesst wo sie an den bestimmten gränzen ihrer sonderfähigkeit ankommt, und wo sie in der allgemeinen kunst aufzugehen hat. Als darstellerin der natur hat die bildende kunst da ihre höhe erreicht, wo sie gänzlich unentstellt die natur zu sehen und wiederzugeben vermochte: auf dieser höhe bleibt sie dann aber stehen, von ihr aus kann sie nicht mehr erfinden, denn was sie zu erfinden hatte, hat sie aufgefunden: nur der neue gegenstand kann ihr noch neue aufgaben stellen, das objekt der natur bleibt aber stets dasselbe — weil nur das gewordene, das fertige darzustellen vermag, nicht das werden, das sich selbst zeugen. Sie ist in sofern durchaus nur monumental, bewegungslos; nur in derjenigen kunst ist aber ewig neu zu erfinden, die einen ewig neuen gegenstand hat; diess ist aber die reinmenschliche, dramatische Kunst, weil sie das menschliche leben selbst in der bewegung darstellt: der gegenstand des dramas ist nicht der abgeschlossene, zur erscheinung gebrachte akt, sondern die darstellung des unbewussten werden's, erzeugens der handlungen und charaktere. An der darstellung dieses ewig bewegungsvollen prozesses, die einzig stets neues erfinden und auffrischen der kunst ermöglicht, kann die bildende kunst nur theil nehmen, wenn sie als fertige — d. h. als zu unentstellter därstellung der natur befähigt gewordene kunst, sich dem rein menschlichen bedürfnisse anschliesst, das ihr — vom einfachsten bis zum höchsten bedürfnisse fortschreitend

— auch die theilnahme an seiner stets verjüngten schöpferkraft gestattet. Ausserdem ist sie eine kunst, die nur sich selbst immer wieder nachahmen kann, technik, mechanik. Jede einzelkunst kann heut zu tage nichts neues mehr erfinden, und zwar nicht nur die bildende kunst allein, sondern die tanzkunst, instrumentalmusik und dichtkunst nicht minder. Nun haben sie alle ihre höchste fähigkeit entwickelt, um im gesammtkunstwerk, im drama, stets neu wieder erfinden zu können, d. h. aber, nicht einzeln an sich allein, sondern eben nur in der darstellung des lebens, des immer neuen gegenstandes.

I[B].

Ein Titelblatt,

und

Einzelne, mit den vorhergehenden Entwürfen, zusammenhängende Gedanken.

*I. Die kunst u. die revolution.

II. Das künstlerthum der zukunft.

III. Das kunstwerk der zukunft.

I. Sonst lebte der reiche nach dem grundsatze »geben ist seliger denn nehmen« — er genoss ein glück das er leider eben nur dem armen vorenthielt. Der moderne reiche sagt aber: »nehmen ist seliger denn geben.«

II. (mensch zum thiere. (Fleischer — jäger.) unkünstlerische lieblosigkeit gegen die thiere, in denen wir nur waaren für die industrie erblicken. reiten = liebe zum rosse. — fahren = dampf.)

III. geschichte der musik: = christlicher Ausdruck: »wo das wort nicht mehr weiter kann, da fängt die musik an:« = Beethoven, 9te Symfonie: beweist dagegen: »wo die musik nicht mehr weiter kann, da kommt das wort.« — das wort steht höher als der ton.)

* Titelblatt zu dem Manuskripte von: *Die Kunst und die Revolution.*

* Als mönche und pfaffen uns lehrten, freude am leben und an der lebendigen kunst sei von übel, da habt ihr sie gehegt beschützt und eure wartburg ist des zeuge; seid ihr fürsten nun treu eurem ruhme, so helft sie uns sie vollends ganz befrein aus den schmachvollsten banden, in denen jetzt sie schmachtet, aus dem dienste der industrie.

* Dieser Gedanke ist auf der Rückseite des Titelblattes zu: *Die Kunst u. die Revolution* geschrieben.

Gegenwärtige civilisation. Wie der affe zwischen dem, sicher und fest als starkes wildes thier sich kundgebenden, löwen u. dem menschen steht, so steht unser moderner civilisirter mensch zwischen dem nackten, kräftigen naturmenschen und dem schönen menschen der zukunft: er ist hässlich und albern in dieser unentschiedenheit seiner form u. seines wesens. In der natur sind alle bestimmten gattungen schön, die übergänge von einer zur andern dünken uns mit recht aber hässlich.

Unter der schlechten cultur verstehe ich die unserer civilisation entwachsene.

* * *

»Trenne und herrsche« — so sagte sich der gott der unschönheit als er den plan unsrer civilisation entwarf. »Trenne die übereinstimmung aller sinne zu gemeinsamem genusse, lass jeden einzelnen ganz für sich geniessen wollen, so gebietest du ganz von selbst die anbetung des unschönen: — so beruht der ganze moderne begriff des dualismus, die getrenntheit von leib und seele, nur in der unterschiedenheit, in der lossagung des bauchmenschen vom kopfmenschen.

* * *

Aristophanes und Socrates.

* * *

Bakunins aeusserung, dass er, auf dem punkte des ekels an unsrer civilisation angekommen, lust empfunden habe, musiker zu werden.

* * *

Die kunst der zukunft nach dem verhältniss der klimate. (Ist es in unsrem klima begründet, dass wir schwächlinge u. herrjesus-

Die Hottentoten beschmieren sich mit fett u. s. w. beschmiert sich männerchen sind, und verwehrt es uns stark u. kräftig zu sein? Seien wir nur das, die schönheit ist dann auch schon da.)

auch der Europäer mit fett, wenn er sich im lande der Hott: aufhält; ist dieser wiederliche gebrauch daher ein nothwendiger erfolg der klimatischen einwirkung?

Sind die Türken und heutigen Griechen dasselbe, was die alten Griechen in demselben klima waren?

* * *

Für die bildende kunst — namentlich die bildhauerei — ist es sehr bezeichnend, dass der darzustellende gegenstand, ihr meistens aufgegeben, das kunstwerk somit bestellt wird. —

* * *

(Zu meiner entschuldigung gegen angriffe auf mich wegen etwaiger unrichtigkeit in nebendinge diene mir Lessing, Laokoon XXIX.

* * *

Der mensch, der das ist, was er (nicht nach abstrakten moralbegriffen, sondern seiner natur nach) sein kann, erscheint nicht nur demjenigen, der ihn liebt schön, sondern er ist es wirklich auch: seien wir alle, was wir sein können und lieben wir uns, so sind wir auch alle schön.

Die geschichte von der verkehrt angefassten tabaksdose.

* * *

Stadt — und land.

* * *

Byron will ein epos schreiben und sucht sich einen helden dazu. Diess ist das aufrichtigste zugeständnis unsres abstracten, lieblosen kunstproduzirens.

O wie klein denkt ihr um eures lieben gottes willen vom menschen.

* * *

Vermöge des mikroscopes können wir tausende von muskeln in einer raupe erkennen u. zählen: sind sie deshalb da, um von uns erkannt und gesehen zu werden? Gewiss nicht: unser

Was fehlt dem modernen ballettänzer zur nacktheit als: der wille?

natürliches auge fasst nur die äussere gestalt auf, die ihm den genuss der schönheit verschafft. So verhält sich alle wissenschaft (abstraction) zur kunst.

* *
*

Achilleus zu Agamemnon:
Suchst du wonne im herrschen
So lehre dich klugheit zu lieben.

* *
*

Wer sich nicht zu freuen vermag, den schl—t.—; der ist des lebens nicht werth, für den es keinen reiz hat.

* *
*

Als Wachilde dem Wiking einen sohn geboren hatte, kamen die drei nornen, und verliehen dem kinde gaben: die älteste weisheit, die jüngere stärke, die dritte endlich nie zufriedenen, stets auf neues bedachten sinn. Wiking zürnte über diese letzte gabe und versagte der jüngsten norne dafür seinen dank. Sculd erhob sich und nahm ihre gabe zurück. Bitter bereute diess der vater. Das kind ward ein riese an körperstärke, und von weisem tief beschaulichem verstande: aber thatkraft fehlte ihm

Anarchie. Freiheit heisst: keine herrschaft über uns dulden, die gegen unser wesen, unser wissen und wollen ist. Setzen wir aus freien stücken nun aber eine herrschaft, die nichts andres gebietet, als das was wir wissen und wollen, so ist sie überflüssig u. unvernünftig. Nur wenn wir uns für unwissend, u. willkürlich halten, könnten wir eine herrschaft über uns, die uns das richtige wissen u. wollen gebiete, uns als nützlich denken: schon darin aber, dass wir sie uns als nützlich dächten, bewiesen wir, dass wir von selbst das richtige wissen u. wollen, und bezeugen daher das ueberflüssige der herrschaft. Eine herrschaft dulden, von der wir aber annehmen, dass sie das richtige nicht weiss u. will. ist knechtisch.

gänzlich; dieser mangel ward nur gegenstand seines wissens, nie aber seines willens; er beklagte sich über das, was ihm fehlte, konnte es willkürlich aber nie mehr ersetzen. So ward der starke als ein plumper verhöhnt: alles ertrug er, denn er wusste durch sein wissen, wie die recht hatten, die ihn verspotteten: nur wenn man über seine mutter zweideutig sprach, wurde er bös. Nie baute er sich ein schiff, — aber er wusste die untiefen der flüsse und meere, und durchwatete sie so: daher hiess er Wate. — Er ist das deutsche volk, an dem noch täglich Wikings schlechte erziehung ausgeübt wird.

1., Das genie. (ewig: 1., ausfüllung, verneinung, aufhebung der zeit durch das kunstwerk = dramatisches genie.
2, andauer der zeit = regungsloses genie der plastik.
1. communismus. 2. egoismus.)

Die bewunderung eines grossen meisters lähmt unsre eigene thatkraft: ganz richtig halten wir jeden »vollendeten« über uns stehend, weil wir eben noch nicht vollendet sind: betrachten wir aber den gegenstand seines schaffenden genies, so erkennen wir die kunst selbst, und verzweifeln müssen wir etwas höheres zu leisten nur dann, wenn wir die kunst mit dem werke des einzelnen genies als identisch betrachten. Dies kann nur aber die art, nicht die gattung der kunst sein.

Die bewusstwerdende inhaltslosigkeit des lebens brachte erst den begriff der zeit in dem sinne hervor, dass sie nach der dauer, nicht nach der belebung gedacht wurde.

2. Der tragische stoff (das tragische princip) des alterthums, der gegenwart, und der zukunft.

3. Mann und Weib. oder auch bloss: das weib.

4. Die familie.

5. Die Menschen (d. gesellschaft.)

6., Tugend — laster. Gesetz — sünde.

* * *

1. Das Klavier. (Sehr wichtig.) fortschreitende abstraction: menschenstimmen, instrumente = abstrahirte (nachgeahmte menschenstimmen: klavier, abstraction des orchesters zu gunsten des egoismus.)

2. Beethoven und Rossini.

3. Das recitirte schauspiel (ohne musik.) Ist die absolute musik farbe ohne zeichnung, so ist die absolute dichtkunst zeichnung ohne farbe.)

* * *

Achilleus, nach der erlegung Hektors von den heerführern befragt: ob er nun nicht mit ihnen ausziehen wolle um Ilion zu zerstören: »das herz des adlers hab' ich genossen, das aas sei für euch allein!« »Was willst du nun noch thun?« Ach: »Verdauen!«

Achilleus weist die unsterblichkeit, die ihm seine mutter Thetis anbietet, von sich, diese unsterblichkeit ohne genuss: der genuss, den ihm die befriedigung seines rachedurstes gewähren soll, lässt ihn die freuden der unsterblichkeit verachtungsvoll entsagen. (Seine mutter erkennt an, dass Ach: grösser sei als die elemente (d. götter.)

* * *

Der mensch ist die vervollkommnung gottes. Die ewigen götter sind die elemente die erst den menschen zeugen. In dem menschen findet die schöpfung somit ihren abschluss. Achilleus ist höher und vollendeter als die elementare Thetis. —

* * *

Die vernunft ist das menschliche wissen der natur, gleichsam der getreue spiegel der natur im menschlichen gehirn: die vernunft kann nichts anderes wissen als die natur: ein wissen über die natur hinaus wäre wahnsinn.

* *

Kein einzelner kann glücklich sein ehe wir es nicht alle sind, weil kein einzelner frei sein kann ehe nicht alle frei sind.

Kraft. — trieb — wille — genuss.

Liebe. — trieb: geschlechtsliebe. familienliebe männerliebe. (die idee) (gesellschaft.)

Vernunft. — auflösung aller begriffe bis zur natur (wahrheit.)

vernunft: maass des lebens.

Freiheit. (d. i. wirklichkeit.)

Je selbständiger und freier, desto stärker die liebe: man vergleiche die mutterliebe einer löwin mit der einer kuh, die gattenliebe der wölfe mit der der schafe. etc.

* * *

Gott: (idee in allen gestalten zum leiden der menschen.)

Freiheit: auflösung der idee in das sein.

* * *

Der griechische Apollon war nur der gott der schönen menschen: Jesus der gott aller menschen; machen wir nun alle menschen schön durch die freiheit.

* * *

Nichts ist jetzt frei als das kunstwerk, welches in sich das schöne und starke als erscheinung erfüllt: jede idee ist nicht eher frei bis sie zerstört, d. h. ausgeführt, in das leben übergegangen ist: blos das wirkliche leben in der schönheit u. stärke ist frei. —

* * *

Der vollkommenste zustand auf der erde ist der, wo der, durch die gesellschaft unendlich gesteigerten, menschlichen natur kein verlangen erwachsen kann welches sie nicht zu befriedigen im stande wäre.

Das glück des menschen besteht im genuss: der genuss ist die befriedigung eines verlangens: der weg vom verlangen bis zur befriedigung ist die thätigkeit. Das verlangen an und für sich ist leiden, durch die befriedigung im genuss ersteht die freude: die umgebende schöpfung hat dem menschen alles gegeben, sein verlangen zu befriedigen, denn die natur selbst konnte den menschen nicht eher hervorbringen als bis sie die mittel zu seiner nahrung u. s. w. producirt hatte: in einer wüste ist kein mensch geschaffen worden.

Die gesellschaft in ihrer mannigfaltigkeit steigert das verlangen des menschen, erhöht somit aber auch durch die befriedigung dieses gesteigerten verlangens den genuss, somit die freude. eine gesellschaft, die jedem einzelnen das verlangen steigert, es aber nicht eben so jedem einzelnen erfüllt, ist sündhaft und producirt den grässlichen zustand des leidens u. des lasters, den wir seit der geschichte kennen u. der uns jetzt immer mehr zum bewusstsein kommt. Diess ist der despotismus unter allen verschiedenen formen. Die freiheit dagegen besteht darin, dass dem einzelnen wie der gesellschaft auf dem wege vom verlangen zum genuss, d. h. also in seiner wie ihrer thätigkeit kein hinderniss entgegenstehe, und die einzige gesellschaftliche verpflichtung kann nur darin bestehen, dass sie die natürlichen hindernisse, welche der befriedigung des durch die gesellschaft selbst gesteigerten verlangens entgegenstehen, durch gemeinschaftliche thätigkeit überwinde. Der genuss durch befriedigung des physischen verlangens des menschen ist productiv für den einzelnen, weil er den menschlichen leib erhält u. nährt. Die befriedigung des verlangens der liebe ist productiv für die gesellschaft, denn sie vermehrt das geschlecht. Die liebe ist somit die mutter der gesellschaft: — sie kann somit nur ihr einziges princip sein.

. . .

Seit dem eintritt der geschichte erkennen wir nur einen hebel der bewegung: das zum verbrechen gesteigerte verlangen der menschlichen natur: das laster, das verbrechen vertritt in sich die thätigkeit des menschlichen geschlechtes: in ihm zeigt sich (in grosser entstellung) einzig die wahrhaftigkeit der menschlichen natur. Die tugend erscheint dagegen

---

Eingestreute verkehrt aufgeschriebene Bemerkung.

Eine ungeheure bewegung schreitet durch die welt: es ist der sturm der europäischen revolution; jeder nimmt an ihr theil, und wer sie nicht fördert durch vorwärtsdrängen, der stärkt sie durch gegendruck.

als das ungestillte verlangen, die entsagung, das leiden, das opfer. Nur das laster sehen wir in der geschichte productiv: die tugend dagegen unmächtig, weil sie blos die negation des lasters ist; sie hat keine thätigkeit: wo die tugend sich zur thätigkeit anlässt, wird sie ebenfalls laster.

* * *

Die weltgeschichte hat auf diese weise die ungemeinen fähigkeiten der menschlichen natur vollkommen entwickelt, und sie erscheint selbst im grossen ganzen genommen als die ungeheure thätigkeit, verwendet vom menschlichen geschlecht auf die befriedigung eines undenklich gesteigerten verlangens, dessen erfüllung somit auch der höchste genuss sein muss.

* * *

Wenn mir die erde übergeben würde, um auf ihr die menschliche gesellschaft zu ihrem glücke zu organisiren, so könnte ich nichts anderes thun, als ihr vollste freiheit geben sich selbst zu organisiren: diese freiheit erstünde von selbst aus der zerstörung alles dessen, was ihr entgegen steht. —

Die revolution ist die bewegung der masse nach aneignung und ausübung der kraft, der sie bis jetzt an den einzelnen leidend und bewundernd, dann neidisch und entrüstet zugesehen. Der standpunkt von dem aus sie reagirt ist aber der des leidens, der entsagung, der beschränkung, also der standpunkt der tugend, die sie über das laster siegreich erheben will. In der bewegung entwickelt sich aber nothwendig die handlung, das leiden wird zur leidenschaft, die tugend zum laster: das im kampfe gesteigerte verlangen kann nur durch gesteigerten genuss befriedigt werden, und so entwickelt sich die kraft u. die fähigkeit der masse, welche endlich nothwendig auf dem standpunkte ankommen muss, der dem ausgangspunkt der bewegung — der entbehrung — entgegengesetzt ist, d. h. die masse gelangt zu derselben kraft u. fähigkeit wie das individuum (d. aristocratie), und erst auf diesem standpunkt ist die freiheit möglich, nämlich unter gleich starken, wie die liebe nur unter gleich liebenswürdigen möglich ist. —

* * *

Wo das verlangen gar nicht vorhanden ist, ist die leblosigkeit: wo die erfüllung des verlangens unnatürlich erschwert ist, d. h. die thätigkeit gehindert wird, da ist das leiden, — wo dem verlangen die erfüllung gänzlich versagt ist, da ist der tod.

*　　*
*

Das Wunderbare in der Kunst.

Die verdichtung der ausgedehntesten und verschiedenartigsten erscheinungen, die in ihrem vielgegliederten zusammenhange dennoch zu einer einzigen, bestimmten wirkung sich äussern, die klar überschaubare vorführung eines solchen zusammenhanges, der uns ohne tiefstes nachforschen und die grösste erfahrung unerfassbar bleibt und bei'm überblick uns mit erstaunen erfüllt, ist in der kunst, welche ihre wirksamkeit nur in der gebundenheit an gewisse zeitliche und örtliche bedingungen ausführen kann, nur durch das Wunderbare zu erreichen. Hier wird in dichterischer fiction die ungeheure kette des zusammenhanges verschiedenartigster erscheinungen zum leicht überschaulichen bande weniger glieder verdichtet, diesen wenigen gliedern aber die macht und kraft der ganzen kette beigelegt: und diese macht ist das wunder in der kunst. — etc. —

*　　*
*

Lyrik und Drama.

(Jugend, reifes alter. Unbewusstsein — bewusstsein u. s. w.) Lyrik — selbstgenuss der kunst an sich: — Drama — dargebotener genuss an andre. (morgen und abend) — Frühling — herbst. — im herbst geniessen wir die früchte, die uns der frühling als blüthen brachte. Im frühling werden wir alle zu lyrikern — im herbst (ersterben — wehmuth) dramatiker = künstlerische wiederbelebung des frühlings (winter) = wiederausgehen der dramatik in die Lyrik — des winters in den frühling: heraustreten aus den künstlichen wohnungsräumen der menschen in die freie natur. —

Dasselbe im grösseren verhältnisse: (weltgeschichtlich, wie wir's vor uns haben = entwickelung des kunstwerkes der zukunft aus dem bewusstsein, d. h. aus dem wissen der natur, d. i. des mythos, und ursprünglichen lyrik.) Die menschheit in ihrer vertheilung über die erde: — tropenländer = immerwährender frühling und sommer = vorzüglich lyrik. Mittelzonen = wechsel: hervorragend herbst: Drama. Gegenseitige befruchtung: stets neue erfrischung des nordischen drama's durch die hereintönende lyrik des südens: — feste gestaltung und kräftigung der tropischen lyrik durch berührung mit dem drama des nordens: — Mannigfaltigste übergänge. —

Das Genie.

Der ganze lohn des genie's — des vorauseilenden — konnte im günstigen falle nur in der erhebung des egoismus bestehen: vergötterung, — wir vergöttern und beten an nur das, was uns unverständlich ist: was wir vollkommen verstehen, lieben wir, erklären wir als theil von uns, als unser gleichen. Diess wird der lohn des individuellen genie's der zukunft sein.

* * *

Antike: — aus dem chor heraus zum individuum: moderne: Shakespeare, — anfang mit dem individuum.

* *

Geburt aus der musik: Aeschylos.

Decadence — Euripides.

— Dass seitdem aus dem Trauerspiele etwas ward war nur die that des einzelnen Genie's — Shakespeare. Sonst als gattung das Drama — nichts.

* * *

Oper eben nur ähnlich der Wirkung im Concertsaal: Depotenzirung der Vernunft. — Umgekehrt nun im vollendeten Drama die vollen Gestalten des erschauten Traumbildes, die andre Welt, wie durch die Laterna magica, vor uns hin projezirt, leibhaftig — wie beim Geistersehen die Gestalten aller Zeiten u. Räume deutlich vor uns. Musik ist das Licht dieser Laterne.

* * *

Wir sagten:
in der Oper müsse man etwas sehen — weil uns die Musik nicht erfüllt; hier wird also das Gehör depotenzirt — nicht mehr die Musik intensiv zu vernehmen. Nun umgekehrt müsste eine Musik das Sehen so begeistern können, dass es die Musik in Gestalten sähe.

* * *

So wird — in unsrer Kunstgeschichte — der Musiker (als Künstler) von Aussen her in seine Kunst eingeführt; Mozart starb als er an das geheimniss drang. Beethoven zuerst trat ganz hinein.

* * *

Technik.

Die Technik ist das wachsende eigenthum aller künstler seit dem dasein der kunst: sie ist zu empfangen, zu erlernen und anzueignen. Das was durch die technik darzustellen ist, ist allerdings nicht zu erlernen, und von dem sprechen wir daher auch nicht.

IC.

Aphorismen über Farben und Töne, über Modulation und über Styl.

Es ist mir bei — geistreichen — Leuten, welche gar keinen musikalischen Sinn hatten, vorgekommen, dass sie sich die ihnen ausdruckslos erscheinenden Tongestaltungen analogisch durch Farben-Eindrücke zu deuten suchten; nie aber ist mir ein musikalischer Mensch begegnet, welchem bei Tönen Farben erschienen wären, ausser redensartlich.

* * *

Ueber Modulation in der reinen Instrumental-Musik, und im Drama. Grundverschiedenheit. Schnelle u. ferne Uebergänge sind hier oft ebenso nothwendig, als dort unstatthaft, wegen der fehlenden Motive. —

Styl.

Nicht nur correct, sondern in einem gewissen Sinne bereits poëtisch würde Einer schreiben, der bei jeder Metapher die sinnliche Bedeutung des nun abstract gebrauchten Hauptwortes für alle ihm zugelegten Epitheta oder Zeitwörter genau festhielte.

Z. B. anstatt: ›seine Selbständigkeit bricht durch die sie verdeckenden Hüllen durch (was falsch ist:) seine Selbständigkeit steht plötzlich unverhüllt (oder der Hüllen ledig) da: wobei das Bild einer Statue, nach ihrer Enthüllung, festgehalten wäre.

ID.

Fragment eines Aufsatzes über Berlioz.

Bemerkung über eine angebliche Aeusserung Rossini's.

Gedanken über die Bedeutung der deutschen Kunst für das Ausland.

Beethoven und Schumann }
Goethe und Schiller } Gegenüberstellungen.

Ueber Denjenigen nach seinem Tode nichts als Gutes zu sagen, der während seines Lebens fast nur Uebles über sich vernahm, ist eine eben so heilige Pflicht, als es zu einer traurigen Nöthigung wird, von Demjenigen, der mit angestrengtester Sorge sich dessen versicherte, dass während seines Lebens nur Gutes über ihn gesagt würde, den falschen Schein abzuziehen, welcher jetzt die Nachlebenden nachtheilig beirren müsste. Leicht wäre jedes richtige Urtheil, wenn der reine Werth eines Künstlers unschwer abzuschätzen wäre: zu einer schwierigsten Aufgabe wird dieses Letztere aber, wenn die Wirkung dieses Künstlers auf seine Zeit wie die Nachwelt gleich zweifelhaft erscheint, während anderer Seits die hervorragendsten Eigenschaften des Künstlers selbst als unzweifelhaft erkannt werden müssen. Vielleicht dürfte in diesem Falle es das glücklichste sein, nur an die treue Erkenntniss dieser Eigenschaften sich zu halten, weil dann von dieser Erkenntniss aus auf den Charakter der Mitwelt des Künstlers in einer Weise zu schliessen wäre, welche uns vor einer Ueberschätzung des Geistes der Nachwelt, wie er uns aus dem, was aus der Gegenwart auf sie wirkt, aufgehen muss, zum Vortheil wenigstens Derjenigen bewähren dürfte, welche ihr Urtheil von dem Einflusse keiner Zeitperiode beengt wissen, und frei das Rein Menschlich Schöne u. Bedeutende sich zum Bewusstsein bringen möchten.

Wir wählen Hect. Berlioz, um an ihm ein solches über Zeit und Umstände hinwegsehendes reines Urtheil uns zu gewinnen.

Herr Hiller berichtet uns, Rossini habe ihm auf die Frage, ob er wohl glaube, dass Poësie und Musik, je zugleicher Zeit gleiches Interesse erregen können, geantwortet: »wenn der Zauber der Töne den Hörer wirklich erfasst hat, wird das Wort gewiss immer den Kürzeren ziehen. Wenn aber die Musik nicht packt (?) was soll sie dann? Sie ist dann unnöthig, wenn sie nicht überflüssig oder gar störend wird.

Wir verwundern uns nicht über diese Antwort Rossini's, sondern darüber dass er auf jene Frage eine Antwort gab, auf die sich Herr Hiller sehr leicht ganz dasselbe hätte sagen können. Sollte es dagegen Hr. H. daran gelegen sein, über Probleme Aufschluss zu erhalten, über die er selbst noch mit sich im Unklaren ist, so rathen wir ihm Rossini das nächste mal zu fragen »woher er sich wohl erkläre, dass Mozart's Musik zu »Cosi fan Tutte« nicht im entferntesten die Wirkung mache als die zum »Figaro« oder »Don Juan«? Oder, um ein näher liegendes Beispiel zu wählen — warum »Der Advocat« vorm Jahr in Köln durchfiel, trotzdem er — Hr. Hiller — selbst die Musik dazu gemacht hätte.«

Wenn ich zu verschiedenen Versuchen, meine Werke dem französischen Publikum vorzuführen, nie selbst unmittelbare Veranlassung gegeben, sondern der sich mir darbietenden Veranlassung eigentlich nur nachgegeben habe, so bestimmte mich hierbei ein Gefühl, von dem Sie bereits wohl Kenntniss nahmen, wenn Sie mein Vorwort zu den übersetzten 4 Operndichtungen, welche ich 1861 in Paris erscheinen liess, mit gewogener Aufmerksamkeit durchlasen. Sehr deutlich fand sich mein Gefühl als das richtige bestätigt, als das auffallende Miswollen, mit welchem mein »Tannhäuser« in der grossen Oper zu Paris aufgenommen wurde, sich wahrhaft zurückschreckend kund gegeben hatte. Die Beweggründe der Feindseligkeit welche damals meinem Werke begegneten, erschienen so mannigfaltig, dass eine richtige Beurtheilung des hauptsächlichsten Grundes längere Zeit erschwert war. Das Rechte schien mir hier zuerst F. Liszt zu treffen, welcher den leidenschaftlichen Aufregungen des Vorganges selbst fern geblieben war, und nun mit Bestimmtheit annehmen zu dürfen vermeinte, dass diese oder jene persönlichen Antagonismen, welche mir u. meinem Werke entgegenstanden, mit einiger Geduld gewiss zu beschwichtigen gewesen wären, wenn das Werk selbst eben auf einem Boden gestanden hätte, in welchem es wirklich Wurzel fassen konnte. Er fasste hierbei die Eigenthümlichkeit und die Tradition dieses einen bestimmten Theater's der Pariser grossen Oper in das Auge, welche er mit denen des Théâtre français zusammenhielt; auf diesem sei nun Shakespeare stets eine Unmöglichkeit geblieben, und auf jenem würde das Ideal, welches dem deutschen Genius vorschwebe, nicht minder stets eine unbegreifliche Monstruosität bleiben. Hierbei war aber durchaus nicht von der Empfänglichkeit des französischen Publikum's für wahrhaft Bedeutendes im Allgemeinen die Rede, sondern bloss davon, unter welchen Voraussetzungen das unbekannte fremde Kunstgenre dieser sich darzubieten hätte. Ein Shakespeare-theater — so meinte Liszt — würde, wenn zunächst auch nicht das ganze Pariser Publikum, so doch gewiss einen sehr wichtigen Theil desselben für sich interessiren und endlich immer mehr anziehen; vor allen Dingen würde hier aber Sh. ohne alle Protestation aufgenommen werden, was im Théâtre fr. undenklich wäre, weil hier der grosse

Britte als Fremdling u. Eindringling in ein ungemein bestimmt begrenztes nationales Eigenthum hätte angesehen werden müssen.

Liszt theilte mir um jene Zeit mit, dass er, vom Kaiser N. III in mündlicher Unterhaltung um seine Ansicht über die so seltsam verlaufene Tannhäuser-Angelegenheit befragt, diesem seine Meinung dahin ausgedrückt habe, dass er glaube, meine Werke dürften dem französischen Publikum nicht anders als in ihrer originalen Gestalt, als zugestanden deutsche Producte, ohne jeden Anschein sie französisiren zu wollen, vorgeführt, und dafür vor Allem auf einem Boden gestellt werden, auf welchem von vorn herein jede Annahme, sie nur als französisch acceptiren zu sollen, entsagt würde. Der Kaiser fand hiermit den Fall sich vollkommen verständlich erklärt. Welche Gedanken vielleicht auch hierdurch in ihm genährt worden sind, ist mir erst kürzlich bekannt worden, als ich erfuhr, dass der Kaiser für das Programm der letzten grossen Pariser Weltausstellung auch ein internationales Theater seinen Ministern in Vorschlag brachte. Keiner dieser Minister verstand ihn: alle schwiegen. Der Kaiser verfolgte seinen Gedanken nicht weiter.

Ich fühle mich nun gestimmt diesen kaiserlichen Gedanken aufzunehmen und weiter zu denken. Nur mit mannichfachem Bedenken und wirklicher Scheu kann ich jedoch daran gehen, meine Gedanken hierüber mitzutheilen. Ganz klar, und mit dem Ausspruch wirklich verstanden zu werden, kann ich mich nämlich nur aussprechen, wenn ich nach zwei entgegengesetzten Seiten hin Dasjenige mit grosser Offenheit bezeichne, was so sehr wenige eben verstehen wollen; diess sind die Schwächen unsrer einseitigen nationalen Entwickelung, gegen deren Aufdeckung wir in vielen Fällen empfindlicher sind, als gegen die Berührung persönlicher Mängel.

Die Verwirklichung des kaiserlichen Gedankens eines internationalen Theaters in Paris kann, da sie hier als durch die Inititiative des französischen Geistes herbeizuführen aufgefasst wird, nur aus dem Gefühle eines Bedürfnisses hervorgehen, welches zunächst diesem Geiste zu eigen sein muss. Nicht der Spanier, der Engländer, der Deutsche oder der Italiener wird als von dem Bedürfnisse der Gründung eines internationalen Theaters in Paris erfasst gedacht, sondern wir haben uns den Franzosen darzustellen, als ob ihm das Verlangen ankäme, durch genaue Kenntniss der Eigenthümlichkeit des Theaters jener Nationen seinen Gesichtskreis in der Weise zu erweitern, dass er hierdurch einer eigenen Mangelhaftigkeit abzuhelfen befähigt werde. Bedenken wir nun, dass seit dem Verfall der eigentlichen grossen

Renaissance, also seit der Mitte des 17. Jahrhunderts die Form der französischen Cultur, und diess vor allen Dingen eben auch im Betreff des Theaters, alle gebildeten Völker der Welt in so bedeutendem Maasse beherrscht, dass fast alle nationalen Eigenthümlichkeiten anderer Völker durch sie umgemodelt erscheinen, so dünkt es als ob wir mit jener Annahme dem französischen Geiste eine beinahe unsinnige Zumuthung stellen müssten. Es dürfte sich dem gegenüber nur fragen, wie diesem herrschenden französischen Geiste bei seiner Suprematie selbst zu Muth ist.

* *

*Wenn es sich bestätigt, dass die Aufmerksamkeit und die Hoffnung fremder Nationen der Entfaltung der deutschen Kunst auf dem Gebiete der Dichtung und Musik zugewendet ist, so haben wir anzunehmen, dass ihnen es namentlich an der Originalität und ungestörten Eigenthümlichkeit dieser Entfaltung liege, da ihnen durch uns sonst keine neue Anregung zukommen würde. Ich glaube, dass in diesem Sinne es unsren Nachbaren nicht weniger als uns darauf ankommen dürfe, einen wahrhaft deutschen Styl durch uns treulich ausgebildet zu sehen.

---

* *Als Facsimile bereits gedruckt.*

Beethoven — Schumann.
Musik: Anschauungen — Begriffe.

* * *

Goethe zum Dichter gewordener Physiker — Schiller zum Dichter geword. Metaphysiker. —

II.

Persönliches.

Warum ich den zahllosen Angriffen auf mich u. meine Kunstansichten nichts erwidere. —

Man kann mir nicht zumuthen, diess in einer musikalischen Zeitung zu thun, erstens — weil das Thema, das ich behandle, weit über den Beziehungskreis einer solchen hinausgeht, daher darin nur einseitig und misverständlich behandelt werden kann; zweitens, weil ich mir dadurch den Anschein geben würde, als achte ich das unsaubre Gewäsche andrer musikalischen Zeit. über mich einer Entgegnung werth, die diese nothwendig auf sich zu beziehen sich schmeicheln dürften; trotzdem ich von Anfang herein unsren musik-Zeitungs-schreibern mit einer Verachtung begegnet bin, wie sie stärker nie in der Welt bezeigt worden sein dürfte. —

Anderweitigen Stimmen die sich gegen mich vernehmen liessen, habe ich nichts zu erwidern, weil sie Persönlichkeiten angehören, die einzig in dem Interesse sich vernehmen liessen, ihre eigenen, bis ungefähr in das Alter der bürgerlichen Mündigwerdung gefassten oder erlernten Ansichten gegen die abweichenden meinigen zu behaupten, bei welchem Bestreben sie sich zwar mit möglicher Deutlichkeit über ihr Verständniss der Sache aussprachen, ein Verständniss meiner Grundansichten mir aber nirgends bezeugten. Erst wenn all dieses irre, wirre, triviale und selbst boshafte Hinein- und Dagegen-Gerede in Bezug auf meine, nun bereits vor Jahren der Oeffentlichkeit übergebenen Kunstanschauungen verstummt sein wird, also erst dann, wenn eine Widerlegung solcher, die mich nur wiederlegen, nicht aber kennen lernen wollten, niemand mehr von mir erwarten wird, kann ich mich bestimmt fühlen, mich über manches in meinen früheren Schriften Unklar gegebenes oder leidenschaftlich Aufgefasstes, erklärend und berichtigend, noch einmal vernehmen zu lassen. Bis dahin mögen meine Freunde mich als vom Unverstand und der Gemeinheit besiegt, und zum Schweigen gebracht ansehen!

Die Deutschen wundern sich darüber, dass die englischen Kritiker mit mir so umständlich, ernst und gründlich verfahren, indem sie, um mich zu widerlegen, meine Hauptschriften wörtlich übersetzt dem Publikum vorlegen, wogegen die Deutschen es vorziehen in verfälschten Fragmenten mich zum Besten zu geben. Der Grund hiervon ist der, dass die Deutschen dem Verständnisse meiner Schriften näher stehen, und deshalb sorgen, sie möchten allgemein verstanden werden, was sie zum Falle bringen müsste: ein englischer Kritiker fühlt jedoch, dass das englische musikalische Publikum, und überhaupt das ganze pietistische England mich nicht verstehen kann, und handelt daher sehr klug mich diesem allgem. Misverstehen offen Preis zu geben.

* * *

Diese Leute könnten im besten Falle erst so weit kommen, einzusehen, dass solche Sachen gar nicht für sie gemacht sind, und sie einfach vom Befassen mit denselben abzustehen haben, wie diess die Polizei z. B. im Betreff des Eigenthums von Seiten der Nichteigenthümer fordert, u. den Contravenienten demgemäss als Dieb bestraft.

* *

Wenn das deutsche Publikum es liebt, die Abtrittsschlotten seiner Gemeinheit sich auf die offene Strasse, bis in seine Unterhaltungsräume hineinziehen zu lassen, wie es diess mit der Pflege seiner Zeitungspresse thut, so muss man ihm das lassen, kann aber bei dem Gestanke nichts mehr mit ihm zu thun haben.

* * *

Ein Feind, der sich der Lüge und Verleumdung bedienen muss, kann keine wirkliche Macht haben, sondern dadurch, dass meine Feinde Lüge u. Verleumdung gegen mich anwenden, geben sie mir die wirkliche Macht gegen sie. Sie sind in meinen Händen, wenn ich meine Macht gebrauche.

* * *

Der Welt wird jede Art von Wohlverhalten gegen Andre gelehrt; nur wie sie sich gegen einen Menschen meiner Art zu verhalten hat, kann ihr nie beigebracht werden, weil es eben zu selten vorkommt.

* *

Der Umgang mit dem Genie hat das Unangenehme, dass seine übermässige Geduld, ohne welche es in dieser Welt gar nicht auskommen könnte, uns in der Art verwöhnt und übermüthig macht, dass wir diese endlich einmal zu überreizen uns veranlasst fühlen, was uns dann sehr erschreckt.

* *
*

Wer so zu unserer Zeit neu hinzutritt, der mag wohl seinen Vortheil darin zu ersehen vermögen: wer aber durch alte Stammesverwandtschaft schon so lange darin lebt, dem darf sie wohl weniger einladend vorkommen.

* *
*

Kunstwerk der Zukunft, nur für aus dem Traum der »Jetztzeit« Erwachende. Wer die Beängstigungen dieses Traumes nicht stark genug fühlt, um zum Erwachen getrieben zu werden, der träume fort! Ich arbeite für die Erwachenden.

Es geahnt, erschaut, gewollt zu haben, das mögliche »Es könnte« — genügend: zu was der Besitz? Der schwindet!

III.

Eine Skizze, Eine Betrachtung,

und

Vier Programme.

Chakya-Muni. Ananda. Prakriti. Deren Mutter.) Brahmanen. Jünger. Volk.

— Der Buddha auf seiner letzten Wanderung. — Ananda am Brunnen von Prakriti, dem Tchandalamädchen, getränkt. Heftige Liebe dieser zu Ananda; dieser erschüttert. —

Prakriti, im heftigsten Liebesleiden: ihre Mutter lockt Ananda herbei: grosser Liebeskampf: Ananda bis zu Thränen ergriffen und geängstigt. von Chakya befreit —

Prakriti tritt zu Buddha, am Stadtthore unter d. Baume, um von ihm Vereinigung mit Ananda zu erbitten. Dieser frägt sie, ob sie die Bedingungen dieser Vereinigung erfüllen wolle? Doppelsinniges Zwiegespräch, von Prakriti auf eine Vereinigung im Sinne ihrer Leidenschaft gedeutet; sie stürzt erschreckt und schluchzend zu Boden, als sie endlich hört, sie

Skizze zu: »Die Sieger«.

müsse auch Ananda's Gelübde der Keuschheit ertragen. Ananda von Brahmanen verfolgt. Vorwürfe wegen der Befassung Buddha's mit einem Tchandalamädchen. Buddha's Angriff des Kastengeistes. Er erzählt dann von Prakriti's Dasein in einer früheren Geburt; sie war damals die Tochter eines stolzen Brahmanen; der Tchandala-König, der sich eines ehemaligen Dasein's als Brahmane erinnert, begehrt für seinen Sohn des Brahmanen Tochter, zu welcher dieser heftige Liebe gefasst; aus Stolz und Hochmuth versagte die Tochter Gegenliebe u. höhnte den Unglücklichen. Diess hatte sie zu büssen, und ward nun als Tchandalamädchen wiedergeboren, um die Qualen hoffnungsloser Liebe zu empfinden; zugleich aber zu entsagen und der vollen Erlösung durch Aufnahme unter Buddha's Gemeinde zugeführt zu werden. — Prakriti beantwortet nun Buddha's letzte Frage mit einem freudigen Ja. Ananda begrüsst sie als Schwester. Buddha's letzte Lehren. Alles bekennt sich zu ihm. Er zieht dem Orte seiner Erlösung zu.

Zürich, 16. Mai 1856.

Mariafeld. April 1864.

Buddha — Luther. — Indien — Norddeutschland: dazwischen: Katholizismus. (Süden — Norden. Mittelalter. Am Ganges milde, reine Entsagung: in Deutschland mönchische Unmöglichkeit: Luther deckt diese climatische Unmöglichkeit zur Durchführung der milden Entsagungslehre des Buddha auf: es geht hier nicht, wo wir Fleisch essen, Gebrautes trinken, uns stark bekleiden und warm logiren müssen: hier muss transigirt werden; unser Leben hier ist so geplagt dass wir ohne »Wein, Weib u. Gesang« es nicht aushalten, und selbst dem alten Gott nicht dienen können. —

Cis-moll-Quartett:

(Adagio) Schwermüthige Morgenandacht eines tiefleidenden Gemüthes: (Allegro) anmuthige Erscheinung, neue Sehnsucht zum Leben erweckend. (Andante u. Variationen). Reiz, Milde, Verlangen, Liebe. — Scherzo. Laune, Humor, Ausgelassenheit. — Finale. Uebergang zur Resignation. Schmerzlichstes Entsagen. —

Vorspiel zu Tristan u. Isolde.

Ein altes, unerlöschlich neu sich gestaltendes, in allen Sprachen des mittelalterlichen Europa's nachgedichtetes, Ur-Liebesgedicht sagt uns von Tristan und Isolde. Der treue Vasall hatte für seinen König diejenige gefreit, die selbst zu lieben er sich nicht gestehen wollte, Isolden, die ihm als Braut seines Herren folgte, weil sie dem Freier selbst machtlos folgen musste. Die auf ihre unterdrückten Rechte eifersüchtige Liebesgöttin rächte sich: den, der Zeitsitte gemäss für den nur durch Politik vermählten Gatten durch die vorsorgliche Mutter bestimmten Liebestrank, lässt sie durch ein erfindungsreiches Versehen dem jugendlichen Paare credenzen, das, durch seinen Genuss plötzlich in hellen Flammen auflodernd, sich gestehen muss, dass nur sie einander gehören. Nun war des Sehnens, des Verlangens, der Wonnen und des Elendes der Liebe kein Ende: Welt, Macht, Ruhm, Glanz, Ehre, Ritterlichkeit, Treue, Freundschaft, alles wie wesenloser Traum verstoben; nur Eines noch lebend: Sehnsucht, Sehnsucht, unstillbares, ewig neu sich gebährendes Verlangen, — Schmachten und Dürsten; einzige Erlösung — Tod, Sterben, Untergehen, Nichtmehrerwachen!

Der Musiker, der dieses Thema sich für die Einleitung seines Liebesdrama's wählte, konnte, da er hier ganz im eigensten unbeschränkten Elemente der Musik sich fühlte, nur dafür besorgt sein, wie er sich beschränkte, da Erschöpfung des Thema's unmöglich ist. So liess er denn nur einmal, aber im lang gegliederten Zuge, das unersättliche Verlangen anschwellen, von dem schüchternen Bekenntniss, der zartesten Hingezogenheit an, durch zagendes Seufzen, Hoffen und Bangen, Klagen und Wünschen, Wonnen und Qualen, bis zum mächtigsten Andrang, zur gewaltsamsten Mühe, den Durchbruch zu finden, der dem Herzen den Weg in das Meer unendlicher Liebeswonne eröffne. Umsonst! Ohnmächtig sinkt das Herz zurück, in Sehnsucht zu verschmachten, in Sehnsucht ohne Erreichen, da jedes Erreichen nur neues Sehnen keimen lässt, bis im letzten Ermatten dem brechenden Blicke die Ahnung höchster Wonne des Erlangens aufdämmert: es ist die Wonne des

Sterbens, des Nichtmehrseins, der letzten Erlösung in jenes wundervolle Reich, von dem wir am fernsten abirren, wenn wir mit stürmischester Gewalt darin einzudringen uns mühen. Nennen wir es Tod? Oder ist es die nächtige Wunderwelt, aus der ein Epheu und eine Rebe, zu inniger Umschlingung auf Tristan's und Isolde's Grabe emporwuchsen, wie die Sage uns meldet?

Vorspiel zum III. Akte der Meistersinger.

Mit der 3. Strophe des Schusterliedes ist im zweiten Akte bereits das erste Motiv der Saiteninstrumente vernommen worden; dort drückte es die bittere Klage des resignirten Mannes aus, welcher der Welt ein heiteres und energisches Antlitz zeigt; diese verborgene Klage hatte Eva verstanden, und so tief war ihr Herz von ihr durchbohrt worden, dass sie hatte fliehen wollen, nur um diesen, dem Anscheine nach so heiteren Gesang, nicht mehr zu hören. Jetzt (im Vorspiele des III. Aktes) wird dieses Motiv allein gespielt und entwickelt, um in die Resignation zu ersterben: aber zugleich und wie aus der Ferne, lassen die Hörner den feierlichen Gesang ertönen, mit welchem Hans Sachs Luther und die Reformation begrüsst und welcher dem Dichter eine unvergleichliche Popularität erworben hat; nach den ersten

Strophen nehmen die Saiteninstrumente, sehr zart und in sehr verzögerter Bewegung, einzelne Züge des wahren Schustergesanges wieder auf, wie wenn der Mann den Blick von der Handwerksarbeit ab, nach oben wendete, und sich in zart anmuthige Träumereien verlöre; da setzen die Hörner in gesteigerter Klangfülle den Hymnus des Meisters fort, mit welchem Hans Sachs bei seinem Eintritte in das Fest durch das ganze Nürnberger Volk in einem donnernd einstimmigen Ausbruche begrüsst wird. Nun tritt das erste Motiv der Saiteninstrumente, mit dem mächtigen Ausdrucke der Erschütterung einer tief ergriffenen Seele wieder ein; beruhigt und beschwichtigt erreicht es die äusserste Heiterkeit einer milden und seligen Resignation.

Vorspiel zu Parsifal.

»Liebe — Glaube: — Hoffen?«

Erstes Thema: »Liebe«.

»Nehmet hin meinen Leib, nehmet hin mein Blut, um unsrer Liebe Willen!«

(Verschwebend von Engelstimmen wiederholt.)

»Nehmet hin mein Blut, nehmet hin meinen Leib, auf dass ihr meiner gedenkt!« —

(Wiederum verschwebend wiederholt. —

Zweites Thema: »Glaube«.

Verheissung der Erlösung durch den Glauben. Fest und markig erklärt sich der Glaube, gesteigert, willig selbst im Leiden. — Der erneueten Verheissung antwortet der Glaube aus zartesten Höhen — wie auf dem Gefieder der weissen Taube — sich herabschwingend, — immer breiter und voller die menschlichen Herzen einnehmend, die Welt, die ganze Natur mit mächtigster Kraft erfüllend, dann wieder nach dem Himmelsäther wie sanft beruhigt aufblickend. Da noch einmal aus Schauern der Einsamkeit erbebt die Klage des liebenden Mitleides: „das Bangen, der heilige Angstschweiss des Oelberges, das göttliche Schmerzensleiden des Golgatha — der Leib erbleicht, das Blut entfliesst, und glüht nun mit himmlischer Segensgluth im Kelche auf, über alles was lebt und leidet die Gnadenwonne der Erlösung durch die Liebe ausgiessend. Auf ihn, der — furchtbare Sündenreue im Herzen — in den göttlich strafenden Anblick des Grabes sich versenken musste, auf Amfortas, den sündigen Hüter des Heiligthumes sind wir vorbereitet: wird seinem nagenden Seelenleiden Erlösung werden? Noch einmal vernehmen wir die Verheissung, und — hoffen!

IV.

Metaphysik. Kunst und Religion.
Moral. Christenthum.

Wir reden zu viel, — selbst auch hören zu viel, und — sehen zu wenig.

Natura non facit saltus. —

Das Organ zur endlichen Erkenntniss seiner selbst, als Ding an sich, gelang auch durch den menschlichen Organismus nicht auf den ersten Ansatz; als Medium daher erst der Intellect als Organ zur Erhaltung eines Individuums. Hierin vielleicht der Grund der Individualität überhaupt, die — wie sie nur für den Intellect vorhanden ist, auch an sich nur zum Zweck der Hervorbringung des Intellectes da. Mit diesem Organ nun sucht der Wille durch Steigerung und abnorme Anstrengungen, bis zur Erkenntniss der Idee der Gattung und endlich seiner selbst zu gelangen, was schliesslich ihn an's Ziel bringt, und worauf er eben nicht mehr will, weil er nichts andres wollte, als was er nun erreicht. — Der Conflict und die Selbstentzweiung, in der er sich durch den Intellect des Individuums erkennen muss, ist eben die moralische Stufe für jene Steigerung, weil er nun erst sich elend — sündhaft fühlt. —

Das, was sich im Individuum äussert, und sich uns als Wille zu erkennen giebt, ist seinem Charakter nach eben durch die Erkenntnissweise seines Intellectes bestimmt. Das Ding an sich äussert sich daher in ihr eben nicht rein, sondern durch die Erkenntnissart seines Intellectes befangen, als individueller Wille, der sich, gerade — im principio individuationis befangen — als Wille zum Leben gebahrt, weil er diese seine gebrochene flüchtige Erscheinung eben überall — durch sein eigenes Widerspiel — bedroht und geschmälert fühlt. Was diess Ding an sich aber in reinerer Potenz ist, zeigt sich erst in der genialen Anschauung, wo eben der Irrthum der Individualität beseitigt wird, und reine Erkenntniss eintritt; da sehen wir denn, dass dieser Wille etwas andres ist, als nur Wille zum Leben, nämlich der Wille zu erkennen, d. i. sich selbst zu erkennen. Deshalb die hohe, entzückende, beseligte Befriedigung. Sonach ist der Intellect, was er sein kann, und dem Willen gemäss auch sein soll, erst im Genie. — Weiser aber — moralisch — Liebe, Heiligkeit mit abnehmender Intellectualität mehr instinctiv).

Die grosse Wonne des Momentes der genialen Anschauung kommt doch eben von dem endlichen Gelingen her, sich als Gattung selbst zu sehen und zu erkennen; diess ist es so vorherrschend, dass das moralische Mitleid dabei ganz schweigt: der erschütterndste Anblick, die grauenhafteste Erkenntniss berührt uns nur so weit, als sie eben Anschauung der Gattung durch sich selbst, Ueberwindung der persönlich bewussten Anschauung, ist: wir rufen uns da in begeisterter Herausgerissenheit zu, ja, das bin ich Gattung — Idee.) — Von hier aus Rückfall in die gemeine Anschauungsweise den individuellen Lebensbedürfnissen gegenüber. — Rückschlag auf die Moral, bis zur ethischen Genialität — Mitleid — Liebe —: mehr instinctiv als intellectual.

Zunächst in der ersten Individual-Anschauung ebenfalls nur Freude — Täuschung, alles für real zu halten. Selbsttäuschung des Willens. —

* * *

Die Realität wohl aus der Idealität zu erklären, nicht aber umgekehrt. Ein religiöses Dogma kann die ganze reale Welt umfassen: nun versuche man umgekehrt aus der realen Welt die Religion zu erläutern.

* * *

Der Erkennende bleibt endlich allein übrig, ganz für sich, eine würdige Erscheinung als Schluss der Welttragödie; aber für diesen Genuss des Einzelnen bezahlt der Staat zu viel, während er doch auf allgemeinen Nutzen vorgeht.

* * *

Unter Gott sucht sich der Mensch genau genommen das Wesen vorzustellen, welches den Leiden des Daseins (der Welt) nicht unterworfen ist, somit über der Welt steht — diess ist nun Jesus (Buddha) der die Welt überwindet. — Der Welten-Schöpfer ist nie wahrhaft geläufig gewesen u. geglaubt worden.

* * *

Affinitäten der Religion u. der Kunst beginnen genau da wo die Religion selbst nicht mehr künstlich ist; hat man eine Wissenschaft für sie nöthig, so wird die Kunst aber unnütz.

* * *

Religion und bald auch Kunst — nur Rudimente früherer Cultur: wie der Schwanzknochen am menschlichen Leibe.

* * *

Chemische Erkenntniss: künstliches Futter, Trichinen.

* * *

Geworden ist am Ende doch Alles; auch dass Voltaire's Tragédie nicht mehr ging u. Alles überschlug. Was hat die Wissenschaft nicht alles werden lassen, z. B. vor gar nicht langer Zeit, was heute längst über'm Haufen liegt. Dagegen nun die Werke der Kunst; ändert, bildet euere Einsichten und Wissenschaften wie Ihr wollt — da steht Shakespeare, da Göthe's Faust, da die Beethoven'sche Symphonie, und wirken immer fort!

* * *

Physik = Erfahrung (?) Wo ist diese? Wie ohne diese Physik, geschweige was über diese hinausgeht?

Abstractes Erkennen: zuvor intuitives; dazu gehört aber ein tüchtiges Temperament.

* * *

Die Physik u. s. w. fördert Wahrheiten zu Tage, gegen die sich nichts sagen lässt, die uns aber auch nichts sagen. — R. W.

* * *

Der schlagendste Beweis dafür, wie wenig uns die Wissenschaften pp. nützen, ist, dass Kopernikus' System für den allergrössten Theil der Menschen den lieben Gott doch noch nicht aus dem Himmel delogirt hat: hier muss wohl von wo anders aus angefangen werden, wozu der Gott des Innern eben verhelfen möchte! Diesem ist es aber ganz gleichgiltig was die Kirche an Kopernikus ärgert. R. W.

* * *

Zur Moralität welches Menschen werdet Ihr mehr Vertrauen haben, im Unglück bei ihm Hilfe suchen u. s. w. desjenigen der die geknebelten Thiere befreit, oder desjenigen der sie knebelt um sie zu foltern? —

* * *

Im besten Falle Vergiftungen*) (Mercur) — Folgen der Ausschweifung — auf Hebung der Folgen schlechter Nahrung und des Hungers, der Ueberarbeitung u. s. w. werdet ihr wenig sinnen.

* * *

Zumuthungen für die Tugend: —

Handwerksbursche — erfroren am Wege gefunden — findet kein Mitleid, weil er sich zuvor in Schnaps betrunken hatte. —

Warnung vor Bettlern: — aber warum Bettler? — Magistrat. —

* * *

Warum nicht häufiger, ja zahllos die Beweise der aufopfernden Thierestreue? Das liegt nur am

---

*) *Leiden welche durch die Vivisection gehoben werden.*

Menschen, der den Thieren nicht die genügende Veranlassung giebt.

* *
*

Die Thiere sind so gut, dass sie alles willig leiden würden, könnte man ihnen nur die Nützlichkeit davon beibringen.

* *
*

Die Jünger verstanden den Herrn fast ebenso wenig, als ein treuer Hund uns; doch — sie liebten ihn, gehorchten (ohne zu verstehen) und — gründeten eine neue Religion.

* *
*

Was erwarten wir uns denn von einer Religion, wenn wir das Mitleid mit den Thieren ausschliessen?

* *
*

Dogma des Mitleids gegen die Thiere kann sich nur auf ein Schuldgefühl gründen: dass wir

Thiere zur Selbsterhaltung vertilgen müssen, da wir andrerseits die Thiere als uns so verwandt, nur unschuldig, erkennen müssen, soll uns der Schuld unseres Daseins inne werden lassen, eine Schuld, die wir nur durch Mitleid im Grossen und Grössten mildern können. R.

* * *

Gut, das Dasein ist keine Sünde; wenn wir es nun aber als Sünde empfinden?

* * *

Es giebt nicht ein Jahrhundert — nicht ein Jahrzehend der Geschichte, welches nicht fast einzig von der Schmach des menschlichen Geschlechtes ausgefüllt ist.

* * *

Es ist urmenschlicher Weisheit aufgegangen, dass, was im Menschen athmet dasselbe ist wie im Thiere. — Zu spät bereits — um den durch Thiernahrung auf uns geladenen Fluch abzuwenden; denn — durch nichts Unterschied als durch — Mitleid!

* * *

Irrig den Fehler in der Religion zu suchen, sondern im Verfall der Menschheit liegt er. —

* * *

Die Annahme einer Entartung des mensch. Geschl. dürfte, so sehr sie der eines steten Fortschrittes zuwieder erscheint, die einzige sein, einstlich welche uns zu einer Hoffnung führen könnte.

* * *

Wenn wir — so gern — jeder Möglichkeit einer Veredelung des menschlichen Geschlechtes nachforschen — u. s. w. so begegnen wir immer auf neue Hemmnisse. (Blut) —

* * *

Vom Heldenthum hat sich uns nichts als Blutvergiessen und Schlächterei vererbt, — ohne allen Heroismus, — dagegen alles mit Disciplin. —

* * *

Zwei Wege für den Helden —
Despot, mit Sklaverei:
Märtyrer, m. Freiheit.

* * *

Jede blosse Kraft findet eine noch stärkere Kraft: sie selbst an sich kann es also nicht sein, worauf es ankommt.

* * *

Der zu bemitleidende Schwache — unmöglich das Ziel: — dagegen der bemitleidende Starke im Mitleid sich selbst vernichtende Kraft — Abschluss — Entsühnung des Weltendaseins.

Die Nichtigkeit der Welt kann aber dem leidenden Schwachen nur die Selbstaufopferung des Starken zum Bewusstsein bringen, denn auf die blosse Erhaltung des Schwachen durch den Starken kann es nicht ankommen, daher durch ihn auf Weltentsagung geleitet — Christenthum. —

V.

Ueber das Weibliche im Menschlichen.

(Als Abschluss von »Religion und Kunst«.)

Fragment

eines für die Bayreuther Blätter bestimmten Aufsatzes.

Vendramin, 11. Febr. 1883.

Ueber das Weibliche im Menschlichen.

(Als Abschluss von „Religon und Kunst".)

Nur beiläufig und wie eines Abseitsliegenden finde ich, beim Ueberblicke der mir bekanntgewordenen Abhandlungen über den Verfall der menschlichen Geschlechter, des Charakters der Ehebündnisse und des ihnen entspriessenden Einflusses auf die Eigenschaften der Gattungen gedacht. Ueber diesen ausführlicher meine Gedanken mitzutheilen, behielt ich mir vor, als ich meinem Aufsatze über »Heldenthum u. Christenthum« die Bemerkung anfügte: »dass keine mit noch so hohen Orden geschmückte Brust das bleiche Herz verdecken kann, dessen matter Schlag seine Herkunft aus einem, wenn auch vollkommen Stammesgemässen, aber ohne Liebe geschlossenen Ehebund verklagt«.

Wollen wir hierbei anhalten und zu tiefem Besinnen uns sammeln, so dürfte uns leicht die unermessliche Aussicht erschrecken, welche ein ernsthaft dafür eingenommener Gesichtspunkt uns eröffnet. Wenn ich uns kürzlich die Aufgabe stellte, dem Reinmenschlichen in seiner Uebereinstimmung mit dem ewig

Natürlichen nachzuforschen, so müssen wir bei vollster Besonnenheit erkennen, dass in dem Verhalten zwischen Mann und Weib, oder dem Männlichen und Weiblichen, der einzig vernünftige und deshalb zur lichtesten Erkenntniss leitende Ausgangspunkt hierfür zu finden ist.

Während mit hellster Deutlichkeit uns der Verfall der menschlichen Racen vorliegt, ersehen wir die thierischen Geschlechter, ausser wo der Mensch sich ihrer Mischungen bemächtigte, in grosser Reinheit forterhalten: offenbar, weil diese keine auf Eigenthum und Besitz berechneten Konventions-Heirathen kennen. Sie kennen aber auch keine Ehe; und ist es die Ehe welche den Menschen so weit über die Thierwelt zur höchsten Entwickelung seiner moralischen Fähigkeiten erhebt, so ist eben wiederum der Missbrauch der Ehe zu gänzlich ausser ihr liegenden Zwecken der Grund unseres Verfalles bis unter die Thierwelt.

Da wir sogleich mit einer vielleicht überraschenden Prägnanz das sündliche Uebel bezeichnen mussten, welches im Geleite der zur Civilisation fortschreitenden Kultur uns von den Vortheilen ausschloss, welchen die thierischen Geschlechter in ihrer Fortzeugung unentstellt erhalten, dürfen wir uns auch als sofort an den sittlichen Kern unsres Problem's herangetreten erkennen.

Dieser deckt sich unsrem Urtheile alsbald bei der Gewahrwerdung des Unterschiedes des Verhältnisses des Männlichen zum Weiblichen im Leben der Thiere und dem der Menschen auf. So stark auch bei dem männlichen Thiere der höchsten Gattungen die leidenschaftliche Brunst bereits auch auf die Individualität des Weibchens gerichtet sein mag, so beschützt es die Mutter doch nur so lange bis diese selbst im Stande ist, die Jungen zur Selbsterhaltung soweit anzuleiten, dass sie endlich sich selbst überlassen werden und auch der Mutter sich entfremden können: hier liegt der Natur erst nur noch an der Gattung, die sie um so reiner erhält, als sie die Mischung der Paare einzig durch die gegenseitige Brunst derselben herbeiführt. Hiergegen nun wäre zu behaupten, dass die Ausscheidung des Menschen aus dem thierischen Gattungsgesetze zuerst sich dadurch vollzog, dass die Brunst in ihm als leidenschaftliche Zuneigung auf das Individuum sich wandte, in welcher der bei den Thieren so entscheidend mächtige Gattungs-Instinkt vor der idealen Befriedigung des Geliebtseins von diesem einen Individuum bis zur Unverständlichkeit sich herabstimmt: mit Naturkraft scheint dieser nur im Weibe, in der Mutter gesetzgebend fortzuwalten, wodurch sie, anderer Seits durch die auf ihre Individualität gerichtete ideale

Liebe des Mannes verklärt, jener Naturkraft selbst verwandter bleibt als der Mann, dessen Leidenschaft der gefesselten Mutter-Liebe gegenüber jetzt zur Treue wird. Liebestreue: Ehe; hier liegt die Macht des Menschen über die Natur, und wir nennen sie göttlich. Sie ist die Bildnerin der edlen Racen. Leicht dürfte das Hervorgehen dieser aus den zurückbleibenden niedereren Racen durch das Hervortreten der Monogamie aus der Polygamie erklärt werden können; gewiss ist dass die edelste weisse Race in Sage u. Geschichte bei ihrem ersten Erscheinen monogamisch auftritt, als Eroberer durch polygamische Vermischung mit den Unterworfenen sofort aber ihrem Verderben entgegen geht.

Nur aus solcher Ehe konnten die Racen sich auch in der Zeugung veredeln.

Hier nun treffen wir in der gegensätzlichen Beurtheilung der Polygamie und der Monogamie auf die Berührung des Reinmenschlichen mit dem ewig Natürlichen. Von vorzüglichen Köpfen wird die Polygamie als der natürlichere Zustand angesehen, wogegen die monogamische Ehe als ein stäts neu unternommenes Wagniss gegen die Natur gilt. Gewiss stehen polygamische Völker dem Naturzustande näher, und er-

Bei Eroberern sogleich Polygamie (Besitz).

reichen hierbei, sobald nicht störende Mischungen unterlaufen, die Reinerhaltung ihrer Race mit dem Erfolge, mit welchem die Natur die thierischen Geschlechter unverändert sich gleich erhält. Nur ein bedeutendes Individuum kann der Polygame nicht erzeugen, ausser unter der Einwirkung des idealen Gesetzes der Monogamie, wie es ja selbst durch leidenschaftliche Zuneigung und Liebestreue in den Harems der Orientalen seine Macht zuweilen ausübt. Hier ist es, wo das Weib selbst über das natürliche Gattungsgesetz erhoben wird, welchem es andererseits nach der Annahme selbst der weisesten Gesetzgeber so stark unterworfen blieb, dass z. B. der Buddha es von der Möglichkeit der Heiligwerdung ausgeschlossen gehalten wissen wollte. Es ist ein schöner Zug der Legende, welcher auch den Siegreich-Vollendeten zur Aufnahme des Weibes sich bestimmen lässt.

Idealität des Mannes — Naturalität des Weibes — (Buddha) — nun — Entartung des Mannes — u. s. w.

Gleichwohl geht der Prozess der Emanzipation des Weibes nur unter extatischen Zuckungen vor sich. Liebe-Tragik.

INHALTSVERZEICHNISS.

VERZEICHNISS DER VERÄNDERUNGEN.

A. INHALTS-VERZEICHNISS.

I. Entwürfe und einzelne damit zusammenhängende Gedanken.

a) Flüchtige Aufzeichnungen einzelner Gedanken zu einem grösseren Aufsatze: „das Künstlerthum der Zukunft.“

Nr.		Seite	Gesammelte Schriften Band	Seite
4	**Das Superlativ als Kriterium** .	14		
	Zur Ergänzung:			
	Oper und Drama		IV	265 (Anmkg.).
	Ueber die Aufführung d. »Tannhäuser«		V	200 (Anmkg.).
	Das Kunstwerk der Zukunft. . . .		III	162. 170-171.
	Oper und Drama		IV	45-46.
	Religion und Kunst.		X	206.
	Die Kunst und die Revolution . .		III	37.
	Das Kunstwerk der Zukunft . . .		III	76-77.
	Kunst und Klima		III	266-267.
5	**Produktivität des Unbewussten**	14		
	Für Erklärung und Ausführung:			
	Das Kunstwerk der Zukunft . . .		III	64-67.
	Zur Ergänzung:			
	Oper und Drama		IV	83. 282.
	Ueber Staat und Religion.		VIII	12.
	Publikum und Popularität		X	117.
6	**Physischer und moralischer Egoismus**	15		
	Für Erklärung und Ausführung:			
	Das Kunstwerk der Zukunft . . .		III	84-87.
	—— (Erste Ausgabe) . . .			46 ff.
7	**Das Kunstwerk ist die Vergewisserung des Nothwendigen.**	16		
	Für Erklärung und Ausführung:			
	Das Kunstwerk der Zukunft . . .		III	55. 129.
	Zur Ergänzung:			
	Zur Widmung der 2. Auflage von Oper und Drama		VIII	247.
8	**Gegensatz von Kunst und Staat.**	18		
	Zur Ergänzung:			
	Einleitung zum 3. und 4. Bande .		III	2-3.
	Oper und Drama		IV	66-83. 332. 76 (Anmrkg.)
	Das Kunstwerk der Zukunft . . .		III	199-200.
	Oper und Drama		III	332. 334-335.

Nr.		Seite	Gesammelte Schriften Band	Seite
	Gegensatz von Kunst und Staat.			
	Zur Ergänzung:			
	Deutsche Kunst und deutsche Politik		VIII	126–129. 133–135.
	Wollen wir hoffen?		X	163. 166. 170–171.
	»Was nützt diese Erkenntniss?« . .		X	325–328.
	»Erkenne dich selbst«		X	338.
	Religion und Kunst		X	301.
	Brief an Hrn. v. Stein		X	416.
	Ueber Staat und Religion.		VIII	10. 11. 13. 36–37.
	Ueber Schauspieler und Sänger . .		IX	271.
	Kunst und Klima		III	255.
9	Das Volk ist der eigentliche Erfinder	19		
	Für Erklärung und Ausführung:			
	Das Kunstwerk der Zukunft . . .		III	63. 66. 76. 77. 204.
	Zur Ergänzung:			
	Die Wibelungen		II	161. 162.
	Mittheilung an meine Freunde . .		IV	336
	Religion und Kunst		X	302.
10	Das Wissen des Nichtgewollten verschafft das Gewollte . .	20		
	Für Erklärung und Ausführung:			
	Das Kunstwerk der Zukunft . . .		III	65. 67. 146.
	Zur Ergänzung:			
	Eine Mittheilung an meine Freunde		IV	291–292.
	Zur Einführung (i. d. J. 1878 u. 1880)		X	29. 42. 43.
	Wollen wir hoffen?		X	166–167. 178–179.
11, 12	Definition des »Volkes«	20		
	Für Erklärung und Ausführung:			
	Das Kunstwerk der Zukunft . . .		III	59. 60. 204–206.
	Zur Ergänzung:			
	Einleitung zum d. und v. Bande .		III	6.
	Eine Mittheilung an meine Freunde		IV	369. 373.
	Wollen wir hoffen?		X	169. 170. 179.

Nr.		Seite	Gesammelte Schriften Band	Seite
13	Unverständniss des Egoisten für die Noth.	21		
	Für Erklärung und Ausführung:			
	Das Kunstwerk der Zukunft . . .		III	60.
	Zur Ergänzung:			
	Eine Pilgerfahrt zu Beethoven . .		I	115.
	Der Künstler und die Oeffentlichkeit		I	226. 227.
14	Gemeinsame u. egoistische Noth	21		
	Für Erklärung und Ausführung:			
	Das Kunstwerk der Zukunft . . .		III	60–62.
	Zur Ergänzung:			
	Kunst und Klima		III	264.
	Offenes Schreiben an H. E. v. Weber.		X	263. 264.
	Das Kunstwerk der Zukunft . . .		III	153. 179. 180. 188.
	Bayreuth u. das Bühnenfestspielhaus		IX	408.
15	Sinnlich — sinnig, unsinnlich — unsinnig	21		
	Für Erklärung und Ausführung:			
	Das Kunstwerk der Zukunft . . .		III	56. 57. 64–65. 123.
	Zur Ergänzung:			
	Einleitung zum d. und v. Bande .		III	5.
	Oper und Drama		III	364. 341–343.
	Oper und Drama		IV	213. 217–218. 227.
	Eine Mittheilung an meine Freunde		IV	7 (Anmerkg.) 165–167.
16	Die That des Dichters ist Aufdeckung der Nothwendigkeit im Stoffe	22		
	Zur Ergänzung:			
	Ueber das Dichten und Komponiren		X	189.
	Oper und Drama		IV	161. 34. 255–256.
	Eine Mittheilung an meine Freunde		IV	389–390.
17	Nicht der Dichter schafft, sondern das Volk.	22		
	Für Erklärung und Ausführung:			
	Das Kunstwerk der Zukunft . . .		III	77. 123.

Nr.		Seite	Gesammelte Schriften Band	Seite
	Nicht der Dichter schafft, sondern das Volk.			
	Zur Ergänzung:			
	Einleitung zum d. und v. Bande .		III	6.
	Das Kunstwerk der Zukunft . . .		III	201.
	Oper und Drama		IV	41–43. 81. 261 (Anmkg.)
	Religion und Kunst		X	302.
18 } 19 }	**Ende der Wissenschaft in der Wahrheit**	23		
	Für Erklärung und Ausführung:			
	Das Kunstwerk der Zukunft . . .		III	129.
	Zur Ergänzung:			
	Einleitung zum d. und v. Bande .		III	4 (1. Absatz).
	Kunst und Klima		III	259.
20	**Wissenschaft und Kunst**	23		
	Für Erklärung und Ausführung:			
	Das Kunstwerk der Zukunft . . .		III	57.
21	**Nothwendigkeit und Ende des Irrthum's**	24		
	Für Erklärung und Ausführung:			
	Das Kunstwerk der Zukunft . . .		III	54. 55. 58.
	Zur Ergänzung:			
	Oper und Drama		III	276. 290.
	Oper und Drama		IV	46.
	Beethoven		IX	114.
22	**Wollen und Können**	24		
	Zur Ergänzung:			
	Das Kunstwerk der Zukunft . . .		III	86.
	Oper und Drama		IV	99.
	Wollen wir hoffen?		X	173.
23	**Der sich selbst vernichtende Volksirrthum**	24		
	Für Erklärung und Ausführung:			
	Das Kunstwerk der Zukunft . . .		III	58.

Nr.		Seite	Gesammelte Schriften Band	Seite
	Der sich selbst vernichtende Volksirrthum.			
	Zur Ergänzung:			
	Die Kunst und die Revolution .		III	44.
	Das Kunstwerk der Zukunft . . .		III	102. 103.
	Oper und Drama		IV	54-56.
	Oper und Drama		III	281.
24	Christenthum als Volksgeburt, nothwendiger Irrthum. . .	25		
	Für Erklärung und Ausführung:			
	Das Kunstwerk der Zukunft . . .		III	58. 145-146.
	Zur Ergänzung:			
	Beethoven		IX	144.
	Die Kunst und die Revolution . .		III	39.
	Das Kunstwerk der Zukunft. . . .		III	159. 172.
	Oper und Drama		IV	281-282.
25	Der Volksirrthum bestätigt den Grad des allgemein Möglichen	26		
	Zur Ergänzung:			
	Oper und Drama		IV	53.
	Oper und Drama		III	343.
26	Was der Mensch der Natur, ist das Kunstwerk dem Menschen	26		
	Für Erklärung und Ausführung:			
	Das Kunstwerk der Zukunft . . .		III	53.
27	Leben und Kunst	27		
	Für Erklärung und Ausführung:			
	Das Kunstwerk der Zukunft . . .		III	57.
	Zur Ergänzung:			
	Kunst und Klima		III	255.
28	Das Christenthum unkünstlerisch	27		
	Für Erklärung und Ausführung:			
	Die Kunst und die Revolution. . .		III	20. 32.

Nr.		Seite	Gesammelte Schriften Band	Gesammelte Schriften Seite
	Das Christenthum unkünstlerisch.			
	Zur Ergänzung:			
	Kunst und Klima		III	257-268.
	Oper und Drama		IV	47. 48. 50. 53-55.
	Das Kunstwerk der Zukunft . . .		III	152. 154.
	Eine Mittheilung an meine Freunde		IV	354.
29	Der Mensch gegenüber der Natur, das Kunstwerk gegenüber dem Leben	26		
	Für Erklärung und Ausführung:			
	Das Kunstwerk der Zukunft . . .		III	55.
	Zur Ergänzung:			
	Die Kunst und die Revolution. . .		III	14.
	Kunst und Klima		III	262.
	Oper und Drama		IV	90-91.
	Wollen wir hoffen?		X	169. 173.
30	Willkürlichkeit des Verstandes, Freiheit der Vernunft . . .	28		
	Für Erklärung und Ausführung:			
	Einleitung zum 3. und 4. Bande .		III	4. 5.
	Zur Ergänzung:			
	Oper und Drama		IV	95.
31	Moderne Dichtkunst. Litteratur. Litterat und Schauspieler.	29		
	Für Erklärung und Ausführung:			
	Oper und Drama.		IV	8.
	Das Kunstwerk der Zukunft . . .		III	136-138.
	Ueber Schauspieler und Sänger . .		IX	269. 270.
	Brief über das Schauspielerwesen an einen Schauspieler		IX	308-313.
	Epilogischer Bericht		VI	370.
	Zur Ergänzung:			
	Das Kunstwerk der Zukunft. . . .		III	126. 127. 132. 133. 134. 135. 189 (Anmkg.)

Nr		Seite	Gesammelte Schriften Band	Seite
	Moderne Dichtkunst, Litteratur, Litterat und Schauspieler.			
	Zur Ergänzung:			
	Oper und Drama		IV	14-38.
	Ueber die Goethe-Stiftung		V	8. 12-14.
	Deutsche Kunst und deutsche Politik		VIII	120-121.
	Ein Theater in Zürich		V	57-60.
	Ueber Schauspieler und Sänger . .		IX	230-234. 235-237. 257.
	Ueber die Bestimmung der Oper .		IX	166-168.
	Ueber das Dichten und Komponiren		X	183-194.
32	**I. Die menschliche Kunst** . . .	30		
	Für Erklärung und Ausführung:			
	Das Kunstwerk der Zukunft. . . .		III	82. 91. 123.
	Oper und Drama		IV	179-180.
	II. Tanz.	30		
	Für Erklärung und Ausführung:			
	Das Kunstwerk der Zukunft . . .		III	87 ff.
	III. Musik	30		
	Für Erklärung und Ausführung:			
	Das Kunstwerk der Zukunft . . .		III	98 ff.
	IV. Dichtkunst	30		
	Für Erklärung und Ausführung:			
	Das Kunstwerk der Zukunft . . .		III	122 ff.
	Zur Ergänzung:			
	Oper und Drama		IV	5. 6.
33	**V. Bildhauerei und Plastik.** . .	30		
	Für Erklärung und Ausführung:			
	Das Kunstwerk der Zukunft . . .		III	166.
	Zur Ergänzung:			
	Beethoven.		IX	144.
34	**VI. Wiedervereinigung**	30		
	Für Erklärung und Ausführung:			
	Das Kunstwerk der Zukunft . . .		III	87. 139.
35	**Zu VI. Genie wird gemeinsam sein**	30		
	Für Erklärung und Ausführung:			
	Eine Mittheilung an meine Freunde		IV	307-311.

Nr.		Seite	Gesammelte Schriften Band	Seite
36	Zu V. Willkür der bildenden Kunst	31		
	Für Erklärung und Ausführung:			
	Das Kunstwerk der Zukunft. . . .		III	167-168.
37	Zu III. Die Musik, das trennende und verbindende Meer. . .	32		
	Für Erklärung und Ausführung:			
	Das Kunstwerk der Zukunft . . .		III	98.
38	Zu I. Die griechische Tragödie. Auflösung der Künste im Egoismus	33		
	Für Erklärung und Ausführung:			
	Die Kunst und die Revolution. . .		III	14-16. 35-37.
	Das Kunstwerk der Zukunft. . . .		III	157 ff. 150-153.
	Oper und Drama		III	331-332.
	Zur Ergänzung:			
	Ueber die Benennung »Musikdrama«		IX	363.
	Kunst und Klima		III	267.
	Das Kunstwerk der Zukunft . . .		III	130-131. 181.
	Oper und Drama		IV	40-41.
	»Zukunftsmusik«		VII	136-138.
39	I. Das Genie der Gemeinsamkeit			
	1. Ursprüngliche Gemeinsamkeit der Menschen.	34		
	2. Auflösung der Geschlechtsbesonderheit, Beginn der Geschichte (Heroenthum, Eroberung)	35		
	Zur Ergänzung:			
	Das Kunstwerk der Zukunft . . .		III	34. 83. 84. 85. 123. 124. 125. 129. 156. 197.
	Kunst und Klima		III	265.
	Religion und Kunst		X	291. 292. 301. 318.

b) Ein Titelblatt und einzelne mit den Entwürfen zusammenhängende Gedanken.

Nr.		Seite	Gesammelte Schriften Band	Seite
	I. Sonstiges Leben der Reichen	49		
	Zur Ergänzung:			
	Das Kunstwerk der Zukunft . . .		III	86-87.
	II. Mensch zum Thiere	49		
	Zur Ergänzung:			
	Offenes Schreiben an H. E. v. Weber		X	253 ff.
	Religion und Kunst		X	300-316.
	Wollen wir hoffen?		X	162.
	III. Geschichte der Musik	49		
	Zur Ergänzung:			
	Das Kunstwerk der Zukunft . . .		III	120-121.
	Oper und Drama.		III	384-389.
	Oper und Drama		IV	147. 183. 186-189.
	Beethoven.		IX	98-99. 122-124. 144. 146.
	Religion und Kunst		X	286-287. 320-321.
	An die Fürsten	50		
	Zur Ergänzung:			
	Deutsche Kunst u. deutsche Politik		VIII	47. 55. 125. 144-145.
	»Erkenne Dich selbst«		X	345-346.
	Ueber eine Opernaufführung in Leipzig		X	9.
	Die Kunst und die Revolution . .		III	23-25.
	Das Kunstwerk der Zukunft. . . .		III	183 (Anmrkg.).
	Oper und Drama		IV	280-281.
	Was ist deutsch?		X	67.
I	Der moderne Mensch.	51		
	Zur Ergänzung:			
	Die Kunst und die Revolution . .		III	41. 42. 44.
	Das Kunstwerk der Zukunft. . . .		III	151-152.

Nr.		Seite	Gesammelte Schriften Band	Gesammelte Schriften Seite
	Der moderne Mensch.			
	Zur Ergänzung:			
	Die Kunst und die Revolution . .		III	11. 12. 14.
	Das Kunstwerk der Zukunft . . .		III	151–152.
	Kunst und Klima		III	261. 262.
	Ein Theater in Zürich		V	62. 63.
	Ueber musikalische Kritik		V	68. 69.
	Modern		X	78.
	Publikum und Popularität		X	96. 109–117.
	Wollen wir hoffen?		X	166.
	»Was nützt diese Erkenntniss?« . .		X	329.
	»Erkenne Dich selbst«		X	345–346.
2	**Moderner Dualismus**	51		
	Zur Ergänzung:			
	Die Kunst und die Revolution . .		III	19.
	Kunst und Klima		III	259.
	Das Kunstwerk der Zukunft . . .		III	68–69.
	Oper und Drama		IV	88.
3	**Aristophanes und Sokrates** . . .	52		
	Zur Ergänzung:			
	Die Kunst und die Revolution . .		III	17.
	Das Kunstwerk der Zukunft . . .		III	125.
	Oper und Drama		IV	181.
4	**Bakunin als Musiker**	52		
5-7	**Bemerkungen über Kunst u. Klima**	52		
	Für Erklärung und Ausführung:			
	Kunst und Klima		III	265.
	Zur Ergänzung:			
	Die Kunst und die Revolution . .		III	42.
8	**Die Bestellung in der bildenden Kunst**	53		
	Für Erklärung und Ausführung:			
	Das Kunstwerk der Zukunft . . .		III	162. 163.
	Zur Ergänzung:			
	Das Kunstwerk der Zukunft . . .		III	61. 150–151.
	Die Kunst und die Revolution . .		III	36.
	Religion und Kunst		X	285.

Nr.		Seite	Gesammelte Schriften Band	Seite
49	Wate — das deutsche Volk . . .	55		
	Für Erklärung und Ausführung:			
	Eine Mittheilung an meine Freunde		IV	309. 310.
	Was ist deutsch?		X	68.
	Zur Ergänzung:			
	Ueber deutsches Musikwesen . . .		I	186-206.
	Der Virtuose und der Künstler . .		I	215.
	»Der Freischütz«		I	265-267. 273.
	»Le Freischütz«		I	296.
	Das Kunstwerk der Zukunft . . .		III	137-138.
	Oper und Drama		III	323. 392-393.
	Oper und Drama		IV	22. 29. 262-268.
	Ein Theater in Zürich		V	34. 35. 36. 54.
	Epilogischer Bericht		VI	369. 377. 380(Anmkg.)
	Deutsche Kunst und deutsche Politik		VIII	44-56. 70-71. 77. 80. 99-107. 116-118. 121-122. 125. 131. 157.
	Bericht über eine in München zu errichtende d. Musikschule . . .		VIII	180-182. 196. 205-208.
	Censuren (W. H. Riehl)		VIII	260-264.
	Vorwort zur Gesammtherausgabe .		I	VII.
	Censuren (Aufkl. üb. d. Judenthum)		VIII	318.
	Ueber das Dirigiren		VIII	381-382. 387. 390. 406.
	Vorwort zu: Eine Kapitulation . .		IX	8.
	Erinnerungen an Auber.		IX	59.
	Beethoven.		IX	104. 148.
	Ueber Schauspieler und Sänger. .		IX	211. 212. 216. 256.
	Ein Einblick in das heutige deutsche Opernwesen		IX	334-335.
	Brief an einen ital. Fr. in Bologna		IX	342. 345.
	Bayreuth (Schlussbericht).		IX	380. 381.
	Bayreuth (das Bühnenfestspielhaus)		IX	392. 395. 399. 407.

Nr.		Seite	Gesammelte Schriften Band	Seite
	Wate — das deutsche Volk.			
	Zur Ergänzung:			
	Ueber eine Opernauff. in Leipzig .		X	8-9.
	Zur Einführung (1878)		X	31-32.
	Was ist deutsch?		X	53-73.
	Modern.		X	81-82.
	Publikum und Popularität		X	94. 102-103.
	Wollen wir hoffen?		X	169-173. 175-177.
	Ueber das Dichten und Komponiren		X	199.
	Ueber das Operndichten und Komponiren im Besonderen		X	209.
	Bericht über die Wiederaufführung eines Jugendwerkes.		X	404.
	Das Kunstwerk der Zukunft . . .		III	240.
20	Anarchie	56		
	Zur Ergänzung:			
	Das Kunstwerk der Zukunft. . . .		III	64.
	Eine Mittheilung an meine Freunde		IV	311. 288 (Anmerkung).
	Zur Widmung der 2. Auflage von Oper und Drama		VIII	246. 247.
21	I. Das Genie. II. Der tragische Stoff. III. Mann und Weib. IV. Familie. V. Die Menschen. VI. Tugend — Laster. Gesetz — Sünde.	57		
	Zur Ergänzung:			
	Oper und Drama		IV	283.
	Das Kunstwerk der Zukunft . . .		III	135. 145. 151. 154. 158-159.
	Die Kunst und die Revolution . .		III	14-15.
	Das Kunstwerk der Zukunft . . .		III	194-197.
	Oper und Drama		IV	75-77. 82-90. 93-94.
22	Das Klavier.	58		
	Für Erklärung und Ausführung:			
	Oper und Drama		IV	8-10. 37.

Nr.		Seite	Gesammelte Schriften Band	Gesammelte Schriften Seite
	Das Klavier.			
	Zur Ergänzung:			
	Bericht über eine in München zu errichtende d. Musikschule . . .		VIII	188-191.
	Oper und Drama.		IV	146-147.
22	Beethoven = Rossini	58		
	Für Erklärung und Ausführung:			
	Oper und Drama.		III	345. 346.
23 24 25	Achilleus.	58		
	Zur Ergänzung:			
	Das Kunstwerk der Zukunft . . .		III	148. 158.
26	Vernunft und Natur.	59		
	Zur Ergänzung:			
	Publikum und Popularität		X	112-113.
	Religion und Kunst		X	316.
27	Der Einzelne und das Glück . .	60		
	Für Erklärung und Ausführung:			
	Kunst und Klima		III	265.
	Zur Ergänzung:			
	Das Kunstwerk der Zukunft. . . .		III	83. 84. 85.
	Die Kunst und die Revolution . .		III	33. 34.
28	Kraft — Liebe — Vernunft — Freiheit	60		
	Für Erklärung und Ausführung:			
	Die Kunst und die Revolution. . .		III	42. 43.
	Kunst und Klima		III	265. 266.
	Oper und Drama		IV	256-257.
	Zur Ergänzung:			
	Programmatische Erläuterungen (Beethoven's heroische Symph.). .		V	220-223.
	Das Kunstwerk der Zukunft. . . .		III	143.
	Oper und Drama		IV	94.
29	Gott und Freiheit	60		
	Für Erklärung und Ausführung:			
	Kunst und Klima		III	267.
	Zur Ergänzung:			
	Die Kunst und die Revolution. . .		III	30.
	Das Kunstwerk der Zukunft. . . .		III	64-65.

Nr.		Seite	Gesammelte Schriften Band	Seite
30	Freiheit des Kunstwerkes. . . .	61		
	Für Erkläruug und Ausführung:			
	Die Kunst und die Revolution. . .		III	47.
	Zur Ergänzung:			
	Das Kunstwerk der Zukunft . . .		III	85. 94. 178.
31	Verlangen und Genuss. Die Liebe als Princip der Gesellschaft	63		
	Zur Ergänzung:			
	Das Kunstwerk der Zukunft . . .		III	53. 198. 199.
	Kunst und Klima		III	265. 266.
	Oper und Drama		IV	91. 94. 256–257. 260.
	»Was nützt diese Erkenntniss?« . .		X	332.
	Censuren (A. ü. d. J. i. d. M.) . .		VIII	315 (Anmkg.)
32	Das Laster in der Geschichte. .	63		
	Für Erklärung und Ausführung:			
	Das Kunstwerk der Zukunft. . . .		III	60.
	Oper und Drama.		IV	82.
	Zur Ergänzung:			
	Religion und Kunst		X	291–294.
	Brief an H. v. Stein		X	412–413.
33	Eingestreute Bemerkung über die Revolution	63		
	Für Erklärung und Ausführung:			
	Die Kunst und die Revolution. . .		III	47.
	Zur Ergänzung:			
	Einleitung zum d. und v. Bande .		III	2. 7. 8.
34	Wirkung der Geschichte	64		
	Zur Ergänzung:			
	Kunst und Klima		III	263–264.
	Oper und Drama		IV	61. 62. 63.
	Religion und Kunst		X	317–319.
35	Freiheit zur Selbstorganisation	64		
	Für Erklärung und Ausführung:			
	Oper und Drama (erste Aufl. 1851)		IV	83.
	Zur Ergänzung:			
	Deutsche Kunst und d. Politik . . .		VIII	67–70.

Nr.		Seite	Gesammelte Schriften Band	Seite
	Geburt der Tragödie aus der Musik.			
	Zur Ergänzung:			
	Oper und Drama		IV	180-181.
	Ueber musikalische Kritik		V	78. 79.
	Beethoven.		IX	145.
	Ueber die Benennung »Musikdrama«		IX	362. 363.
	Einleitung zu einer Vorlesung der Götterdämmerung		IX	367.
	Ueber die Bestimmung der Oper .		IX	167.
	Ueber deutsche Kunst und deutsche Politik.		VIII	85-86.
	Eine Mittheilung an meine Freunde		IV	388-390. 312.
43 44	Oper und Drama			
	Für Erklärung und Ausführung:			
	Oper und Drama.		IV	11-38.
	Beethoven.		IX	129. 132-133.
	Ueber das Dichten und Komponiren		X	195.
	Zur Ergänzung:			
	Beethoven.		IX	100.
	Ein Einblick in das heutige deutsche Opernwesen		IX	334.
	Ueber die Benennung »Musikdrama«		IX	363. 365.
	Ueber die Anwendung der Musik auf das Drama		X	240. 241.
	Brief an H. v. Stein		X	412.
	Oper und Drama		IV	245-252.
45	Das Geheimniss der Kunst (Mozart und Beethoven)	69		
	Zur Ergänzung:			
	Der Virtuos und der Künstler . .		I	207. 208.
	Das Kunstwerk der Zukunft . . .		III	109-112. 115.
	Oper und Drama		III	204-207.
	»Zukunftsmusik«		VII	148-149.
	Bericht über eine in München zu errichtende d. Musikschule . . .		VIII	183-186. 209-210.

Nr.		Seite	Gesammelte Schriften Band	Seite
	Das Geheimniss der Kunst (Mozart und Beethoven).			
	Zur Ergänzung:			
	Aufklärungen über d. Jud. i. d. M.		VIII	347.
	Ueber das Dirigiren		VIII	356–358. 408.
	Beethoven		IX	98. 404–403. 406–407. 408–410. 424.
	Das Publikum in Zeit und Raum .		X	184–183.
	Ueber das Opern-Dichten und Komponiren im Besonderen		X	205. 226.
	Ueber die Anwendung der Musik auf das Drama		X	233–235.
46	Technik.	70		
	Für Erklärung und Ausführung:			
	Ueber das Dichten u. Komponiren.		X	193.
	Zur Ergänzung:			
	Das Kunstwerk der Zukunft . . .		III	106–407. 117–119.
	Oper und Drama		III	307.
	Ein Theater in Zürich		V	53.
	Ueber deutsche Kunst u. d. Politik		VIII	87.
	Censuren (Ferd. Hiller)		VIII	269.
	Ueber das Dirigiren		VIII	392.
	Religion und Kunst		X	285.
	Eine Mittheilung an meine Freunde		IV	311.

c) Aphorismen.

1	Farben und Töne.	73		
2	Modulation.	74		
	Für Erklärung und Ausführung:			
	Ueber die Anwendung der Musik auf das Drama		X	231 ff.
	Zur Ergänzung:			
	Oper und Drama.		IV	190–193.
	Ueber das Operndichten und Komponiren im Besonderen		X	227.

Nr.		Seite	Gesammelte Schriften Band	Seite
3	Styl	74		
	Für Erklärung und Ausführung:			
	Eduard Devrient (Censuren) . . .		VIII	284 ff.
	Zur Ergänzung:			
	Oper und Drama		IV	116. 160. 122. 123.
	»Zukunftsmusik«		VII	149.
	Bericht über eine in München zu errichtende d. Musikschule . . .		VIII	171. 172.
	An Friedrich Nietzsche.		IX	352. 355.
	Ueber deutsche Kunst u. d. Politik		VIII	144. 149.
	Bayreuth (das Bühnenfestspielhaus)		IX	398-399.
	Publikum und Popularität		X	92. 93.

d) Ueber Berlioz. Angebliche Aeusserung Rossini's. Deutsche Kunst für das Ausland. Beethoven.

1	Beginn eines Aufsatzes über Berlioz.	77		
	Zur Ergänzung:			
	Bayreuther Blätter		1884	65 ff.
	Oper und Drama.		III	348-353.
	Oper und Drama.		IV	234.
	Ueber Franz Liszt's symphonische Dichtungen.		V	250-252.
	»Der Freischütz«. »Le Freischutz«.		I	268-273. 279-281.286-293.
	Ueber Schauspieler und Sänger . .		IX	250.
	Autobiographische Skizze		I	20.
	Ein Brief an Hector Berlioz . . .		VII	115 ff.
	Der Künstler und die Oeffentlichkeit		I	228.
	Erinnerungen an Spontini		V	131.
2	Hiller und Rossini.	79		
	Für Erklärung und Ausführung:			
	Oper und Drama.		III	306.

Nr.		Seite	Gesammelte Schriften Band	Gesammelte Schriften Seite
	Hiller und Rossini.			
	Zur Ergänzung:			
	Censuren (Ferd. Hiller)		VIII	269 ff.
	Ueber das Dirigiren		VIII	349. 388. 389. 395. 409.
	Gluck's Ouvert. zu Iphigenia in Aulis		V	151.
	Deutsche Kunst und deutsche Politik		VIII	122.
	Ueber das Operndichten und Komponiren im Besonderen		X	227.
	Censuren (Er. a. Rossini)		VIII	278 ff.
	Oper und Drama		III	308–317. 327–328.
	Erinnerungen an Spontini		V	111–113. 131.
	Ueber deutsches Musikwesen . . .		I	204.
	Erinnerungen an Auber		IX	56. 58. 67.
	Publikum und Popularität		X	105–106.
	Ueber das Opern-Dichten und Komponiren im Besonderen		X	204. 215. 220. 227.
	Deutsche Kunst und deutsche Politik		VIII	58.
	Rossini's »Stabat mater«		I	281 ff.
	Bericht über eine in München zu errichtende d. Musikschule . . .		VIII	192.
	»Zukunftsmusik«		VII	155.
	Oper und Drama		IV	364.
8	Briefliche Aeusserung über ein internationales Theater in Paris	81		
	Zur Ergänzung:			
	Das Publikum in Zeit und Raum .		X	134.
	»Le Freischutz«		I	290. (Anmkg.)
	Epilogischer Bericht		VI	380–382.
	Der Virtuose und der Künstler . .		I	215–222.
	Autobiographische Skizze		I	20–21.
	Ueber die Aufführung des »Tannhäuser« in Paris		VII	183 ff.
	Oper und Drama.		IV	19–22. 29. 34. 87. 122. 180. 264–265. 275.

Nr.		Seite	Gesammelte Schriften Band	Seite
	Briefliche Aeusserung etc.			
	Zur Ergänzung:			
	»Zukunftsmusik«		VII	127-128.
	Das Kunstwerk der Zukunft. . . .		III	144 (Anmrkg.) 136-137. 180.
	Oper und Drama.		III	304. 391-392.
	Ein Theater in Zürich		V	32. 36.
	Ueber die Bestimmung der Oper .		IX	182-183.
	Bericht über eine in München zu errichtende d. Musikschule . . .		VIII	163. 164. 171. 184. 186.
	Ueber das Dirigiren		VIII	338. 397.
	Publikum und Popularität		X	101-102.
	Ueber Schauspieler und Sänger . .		IX	198.
	Bayreuth (Schlussbericht).		IX	390.
	Bericht über eine neue Pariser Oper		I	302. 304. 313.
	Deutsche Kunst und deutsche Politik		VIII	41-47. 54. 59-64. 80. 94-98. 103-104. 111. 117-119. 120. 130.
	Beethoven.		IX	104. 105. 137-143. 148.
	Erinnerungen an Auber		IX	53-55. 59. 61-73.
	Ueber das Dirigiren		VIII	386.
	Ein Einblick in das heutige Opernwesen		IX	321-322. 319.
	Das Wiener Hof-Operntheater. . .		VII	392. 393.
	Vorwort zu: Eine Kapitulation . .		IX	8.
	Epilogischer Bericht		VI	377.
	Aufklär. ü. d. J. i. d. M.		VIII	315.
	Publikum und Popularität		X	92.
	Modern		X	79.
	Wollen wir hoffen?		X	161.
	Vorwort zur Herausgabe d. D.: Der Ring des Nibelungen		VI	393.
	Schreiben a. d. Bürgermeister von Bologna		IX	348.

Nr.		Seite	Gesammelte Schriften Band	Seite
4	Deutsche Kunst im Auslande . .	83		
	Zur Ergänzung:			
	Oper und Drama		IV	263-264.
	Brief an einen ital. Freund in B. .		IX	344. 345.
	Bayreuth (Schlussbericht).		IX	377-378.
	Deutsche Kunst und deutsche Politik		VIII	56-71.
	Beethoven.		IX	104.
	Zur Einführung (1878)		X	31.
5	Antithesen: Beethoven — Schumann. Goethe — Schiller .	86		
	Zur Ergänzung:			
	Beethoven.		IX	118. 104-105.
	Ueber Staat und Religion		VIII	29-30.
	Ueber Franz Liszts Symph. Dicht. .		V	253-254.
	Zum Vortrag der IX. Symphonie .		IX	298.
	Censuren (Aufkl. ü. d. J. i. d. M.)		VIII	317. 318.
	Ueber das Dirigiren		VIII	382. 392-393. 395. 409.
	Ueber das Opern-Dichten und Komponiren im Besonderen		X	222-223. 198.
	Beethoven.		IX	83. 149.
	Oper und Drama.		IV	32-36.
	Ueber die Bestimmung der Oper .		IX	165-166.

II. Persönliches.

1	Einstweiliges Schweigen zu Angriffen.	89		
	Zur Ergänzung:			
	Das Kunstwerk der Zukunft. . . .		III	202 (Anmkng.)
	Oper und Drama		IV	261 (Anmkng.)
	Ueber musikalische Kritik		V	68 ff.
	Ueber eine Opern-Aufführung in Leipzig		X	3-6.
	Gluck's Ouverture zu Iphigenia in Aulis		V	145. 157. 158.
	Ueber Fr. List's Symphonische Dichtungen.		V	254. 255.

Nr		Seite	Gesammelte Schriften Band	Seite
	Einstweiliges Schweigen zu Angriffen.			
	Zur Ergänzung:			
	Epil. Bericht		VI	367.
	»Zukunftsmusik«		VII	123-126. 132. 136-139. 141-143. 152-154.
	Ueber Staat und Religion		VIII	7-11.
	Bericht über eine in München zu errichtende d. Musikschule. . . .		VIII	217.
	Zur Widmung der 2. Auflage von Oper und Drama		VIII	245 ff.
	Einleitung zum 3. und 4. Bande .		III	1 ff.
	Erinnerungen an Auber		IX	73.
	Vorwort zu: Ueber d. Best. d. Oper		IX	155. 156.
	Ueber Schauspieler und Sänger . .		IX	214.
	Ueber das Opern-Dichten und Komponiren im Besonderen		X	220.
	Censuren (Vorbericht)		VIII	257-259.
	Wollen wir hoffen?		X	159-163.
	Was nützt diese Erkenntniss? . . .		X	328.
2	**Englische und deutsche Kritik.**	90		
	Für Erklärung und Ausführung:			
	Censuren (Aufkl. u. d. J. i. d. M.).		VIII	309-310.
3	**Geistiges Eigenthum**	91		
	Zur Ergänzung:			
	Oper und Drama		III	277. 278. 279-280.
	Oper und Drama		IV	8. 266.
	Eine Mittheilung an meine Freunde		IV	289-291. 294. 363 (Anmkg.) 378 (Anmkg.) 383.
	Ueber musikalische Kritik		V	68-69.
	Das Wiener Hofoperntheater . . .		VII	367-368.
	Deutsche Kunst und deutsche Politik		VIII	138 (Anmkng.)
	Zur Widmung der 2. Auflage von Oper und Drama		VIII	249.

Nr.		Seite	Gesammelte Schriften Band	Seite
6	Wohlverhalten gegen das Genie	92		
	Zur Ergänzung:			
	Der Künstler u. die Oeffentlichkeit		I	226.
	Einleitung.		II	2-3.
	K. M. v. Weber's Bestattung . . .		II	56.
	Beethoven's IX. Symphonie (Bericht)		II	67-69.
	Entwurf z. O. e. d. N. Theaters .		II	309-311.
	Eine Mittheilung an meine Freunde		IV	320. 337. 410 (Anmerkgn.) 360.
	Einleitung zum V. und VI. Bande .		V	3. 4.
	Epilogischer Bericht		VI	368,/372.
	Ein Brief an Hektor Berlioz. . . .		VII	115-116.
	Bericht über die Aufführung des »Tannhäuser« in Paris		VII	183. 184. 186-187. 191-193.
	Meine Erinn. an L. Schnorr v. C.		VIII	224. 230.
	Censuren (Vorbericht)		VIII	253-255.
	Eine Erinnerung an Rossini . . .		VIII	278. 280. 282.
	Censuren (Aufkl. ü. d. J. i. d. M.)		VIII	302-306. 310-313. 315-316.
	Ueber das Dirigiren		VIII	332. 345. 367. 372-374. 378. 398-399. 402. 403-405.
	Gedicht Rheingold		VIII	413.
	Vorwort zu: Eine Kapitulation . .		IX	7. 8.
	Beethoven.		IX	99.
	Ueber Schauspieler und Sänger . .		IX	213.
	Ein Einblick in das heutige deutsche Opernwesen		IX	314. 317-320. 329. 330. 333-336.
	Brief a. einen ital. Fr. in Bologna.		IX	342.
	Ueber die Benennung »Musikdrama«		IX	364. 365.
	Schlussbericht.		IX	371-373. 391-393. 394.
	An die geehrten Vorstände der R. Wagner Vereine		X	17-20.
	Zur Einführung (1878)		X	27. 28. 32.
	Erklärung an die Mitglieder des Patronatvereines		X	36.

Nr.		Seite	Gesammelte Schriften Band	Gesammelte Schriften Seite
	Wohlverhalten gegen das Genie.			
	Zur Ergänzung:			
	Zur Einführung i. d. J. 1880. . .		X	38-40.
	Mittheil. a. d. Patrone der Bühnenfestspiele in Bayreuth		X	44.
	Was ist deutsch?		X	71-72.
	Publikum und Popularität		X	87-89. 103.
	Ein Rückblick auf die Bühnenfestspiele des J. 1876.		X	143. 144-148. 150.
	Wollen wir hoffen?		X	161. 162. 164. 167-169.
	Ueber das Dichten und Komponiren		X	187. 199.
	Ueber das Opern-Dichten und Komponiren im Besonderen		X	221-225. 228.
	Ueber Anwendung der Musik auf das Drama		X	242.
	Offenes Schreiben an H. F. S. . .		X	373-378.
	Bericht über die Wiederaufführung eines Jugendwerkes.		X	397. 401-402.
	Ueber die Benenn. »Musikdrama« .		IX	364. 365.
7	**Umgang mit dem Genie**	93		
8	**Der Neuhinzutretende und der Altverwandte in unserer Zeit**	93		
	Für Erklärung und Ausführung:			
	Modern		X	78.
9	**Das Kunstwerk für den Erwachenden**	93		
	Für Erklärung und Ausführung:			
	Erkenne Dich selbst		X	330.
	Zur Ergänzung:			
	Oper und Drama.		IV	284.
	Das Kunstwerk der Zukunft . . .		III	74-75.
	Die Kunst und die Revolution . .		III	34.

III. Skizzen und Programme.

Nr.		Seite	Gesammelte Schriften Band	Seite
1	Die Sieger (1856)	97		
2	Buddha-Luther (1864)	99		
3	Beethoven's Cis-Moll Quartett	100		
	Zur Ergänzung:			
	Beethoven		IX	118-119.
4	Vorspiel zu Tristan und Isolde	101		
	Zur Ergänzung:			
	Epilogischer Bericht		VI	378-379.
5	Vorspiel zum III. Akt der Meistersinger	104		
6	Vorspiel zu »Parsifal«	106		

IV. Metaphysik, Religion, Kunst, Wissenschaft, Moral, Christenthum.

2	Motto: Reden, hören und sehen	113		
	Zur Ergänzung:			
	Brief an H. v. Stein		X	410-412.
3	Natura non facit saltus	113		
	Für Erklärung und Ausführung:			
	Beethoven		IX	91-92.
	Zur Ergänzung:			
	Religion und Kunst		X	319.
4	Realität und Idealität	115		
	Zur Ergänzung:			
	Ueber Staat und Religion		VIII	24-33.
	Beethoven		IX	84-91.
	»Erkenne dich selbst«		X	338.
	»Was nützt diese Erkenntniss?«		X	333-335.
5	Der Erkennende am Schluss der Welt-Tragödie	116		
	Für Erklärung und Ausführung:			
	Publikum und Popularität		X	116.

Nr.		Seite	Gesammelte Schriften Band	Gesammelte Schriften Seite
6	Gott-Erlöser und Gott-Schöpfer	116		
	Für Erklärung und Ausführung:			
	Religion und Kunst		X	314.
	Zur Ergänzung:			
	Kunst und Klima		III	257-258.
	Publikum und Popularität		X	118-120.
	Religion und Kunst		X	278-281.
7	Affinitäten der Religion und Kunst	116		
	Für Erklärung und Ausführung:			
	Religion und Kunst		X	275.
8	Der Schwanzknochen	117		
	Für Erklärung und Ausführung:			
	Publikum und Popularität		X	116. 117.
9	Chemische Erkenntniss	117		
	Für Erklärung und Ausführung:			
	Publikum und Popularität		X	112.
	Zur Ergänzung:			
	Einleitung in das Jahr 1880 . .		X	39.
	Publikum und Popularität		X	121. 122.
10	Das Gewordene in Wissenschaft und Kunst	117		
	Zur Ergänzung:			
	Deutsche Kunst u. deutsche Politik		VIII	76. 77.
	Publikum und Popularität. . . .		X	119-120.
11	Physikalisches und intuitives Erkennen	117		
	Zur Ergänzung:			
	Religion und Kunst		X	302.
	Publikum und Popularität.		X	115-116.
12	Die Wahrheiten der Physik . .	118		
	Zur Ergänzung:			
	Oper und Drama.		IV	44-45.

Nr.		Seite	Gesammelte Schriften Band	Seite
13	Kopernikus	118		
	Für Erklärung und Ausführung:			
	Einführung in das Jahr 1880		X	40-41.
	Zur Ergänzung:			
	Religion und Kunst		X	300.
14	Vertrauen	118		
	Zur Ergänzung:			
	Offenes Schreib. a. H. E. v. Weber		X	258. 259. 265 (Zeile 6-7.)
15	Durch Vivisektion gehobene Leiden	119		
	Zur Ergänzung:			
	Offenes Schreib. a. H. E. v. Weber		X	264. 269.
16	Der erfrorene Handwerksbursche	119		
	Für Erklärung und Ausführung:			
	Zur Einführung in das Jahr 1880		X	39.
17	Treue des Thieres	119		
18	Güte des Thieres	120		
	Für Erklärung und Ausführung:			
	Offenes Schreib. a. H. E. v. Weber		X	265-266.
19	Liebe der Jünger zum Herrn	120		
20	Religion ohne Mitleid mit den Thieren	120		
	Für Erklärung und Ausführung:			
	Offenes Schreib. a. H. E. v. Weber		X	255-258.
	Zur Ergänzung:			
	Offenes Schreib. a. H. E. v. Weber		X	260-262.
	Ein Ende in Paris		I	144.
21	Schuldgefühl als Basis des Mitleides mit den Thieren	120		
	Für Erklärung und Ausführung:			
	Offenes Schreib. a. H. E. v. Weber		X	261.

Nr.		Seite	Gesammelte Schriften Band	Gesammelte Schriften Seite
22	Empfindung des Daseins als Sünde	121		
	Für Erklärung und Ausführung:			
	Religion und Kunst		X	289-291.
	Zur Ergänzung:			
	»Was nützt diese Erkenntniss?«		X	328-330.
	Offenes Schreib. a. H. E. v. Weber		X	262.
23	Identität des Wesens im Lebenden.	121		
	Für Erklärung und Ausführung:			
	Offenes Schreiben an H. E. v. Weber		X	260-261.
24	Irrthum den Fehler in der Religion zu suchen	121		
	Für Erklärung und Ausführung:			
	Religion und Kunst		X	290.
25	Die Annahme einer Entartung des Menschengeschlechtes.	121		
	Für Erklärung und Ausführung:			
	Religion und Kunst		X	304.
	Zur Ergänzung:			
	Publikum und Popularität		X	112. 113.
	Wollen wir hoffen?		X	165.
26	Hemmnisse (Blut	121		
	Für Erklärung und Ausführung:			
	Heldenthum und Christenthum		X	351. 357.
	Zur Einführung e. A. d. Grafen Gobineau.		X	47.
	Zur Ergänzung:			
	»Erkenne Dich selbst«		X	345. 346.
27	Unser Erbtheil des Heldenthumes	121		
	Zur Ergänzung:			
	Programmatische Erläuterungen. (Beethoven's heroische Symph.).		V	220.
	Heldenthum und Christenthum		X	354-355.
	»Was nützt diese Erkenntniss?«		X	326-328.
	Religion und Kunst		X	300. 323.

V. Ueber das Weibliche im Menschlichen
(als Abschluss von Religion und Kunst). Fragment.

B. VERZEICHNISS

der Veränderungen, welche der Klarheit wegen im Druck vorgenommen worden sind.

S. 13. Z. 9: und insofern sie auf seine nachkommenschaft überging, blieb bei seinem geschlechte
Original: und insofern sie auf seine nachkommenschaft überging blieb bei seinem geschlechte

S. 14. Z. 2: die wirkliche eigenschaft einer sache wie eines begriff*s*
Original: die wirkliche eigenschaft einer sache wie eines begriff

S. 15. Z. 7: werdet das neue zu stande *bringen*;
Original: werdet das neue zu stande;

S. 16. Z. 14: kann uns erst gegenstand sein,
Original: kann *erst* uns erst gegenstand sein

S. 18. Z. 5: eines früheren bedürfnisse*s*
Original: eines früheren bedürfnisse*n*

S. 18. Z. 11: diese nothwendigkeit ist *a*ber
Original: diese nothwendigkeit ist *A*ber

S. 18. Z. 19: die kunst will nicht mehr sein als sie *sein kann* —
Original: die kunst will nicht mehr sein als sie —

S. 19. Z. 11: aus unwillkürlicher natur*noth*wendigkeit
Original: aus unwillkürlicher naturwendigkeit

S. 20. Z. 3: als das wirklich vorhand*ene*,
Original: als das wirklich vorhand*e*,

S. 20. Z. 8: zu verneinen, was verneinenswerth ist
Original: zu verneinen was, verneinenswerth ist

S. 21. Z. 6: dass es künstlern schlecht *gehe*,
Original: dass es künstlern schlecht,

S. 40. Z. 6: *ihm* feindlich
Original: *ihnen* feindlich

S. 44. Z. 17: weil *sie* das menschliche leben selbst
Original: weil das menschliche leben selbst

S. 45. Z. 10: nun habe*n* sie alle
Original: nun hab*e* sie alle

S. 49. Z. 11: (Unter der
Original: (: Unter der

S. 50. Z. 2: zu gemeinsame*m* genusse
Original: zu gemeinsame*n* genusse *(ein, noch hinzugeschriebenes: »einem« ist ausgestrichen.)*

S. 50. Z. 13: nach de*m* Verhältniss
Original: nach de*r* Verhältniss

S. 53. Z. 17: ward ei*n* riese
Original: ward ein*e* riese

S. 54. Z. 21: schlechte erziehun*g*
Original: schlechte erziehung*s*

S. 57. Z. 1: ach: wei*s*t
Original: ach: wei*ss*t

S. 57. Z. 6: erkennt an,
Original: erkennt an.,

S. 62. Z. 15: *W*enn
Original: *w*enn

S. 63. Z. 7: Ueber das laster siegreich erheben
Original: Ueber das laster *( )* siegreich erheben

S. 63. Z. 22: *W*o
Original: *w*o

S. 64. Z. 16: erschein*ungen*
Original: erscheinen

S. 66. Z. 10: Antike: —
Original: Antike: . —

S. 66. Z. 13: Geburt aus der Musik
Original: *Gerade umgekehrt*: Geburt aus d. M S.

S. 66. Z. 14: Décadence
Original: Decadence

S. 66. Z. 17: *Hier war es unsicher ob es heisst:* als gattung, das drama; *oder:* als gattung des drama's.

S. 81. Z. 2: nationales eigenthum
Original: nationeles eigenthum

S. 81. Z. 17: *Hier war es unsicher ob: »vielleicht auch«; oder, »vielleicht noch«*

S. 82. Z. 6: Wenige
Original: *Hier war es unsicher ob: Wenige gross geschrieben*

S. 82. Z. 11: des kaiserlichen gedanken*s*
Original: des kaiserlichen gedanken

S. 88. Z. 8: Hinein u. Dage*ge*n-Gerede
Original: Hinein u. Dagen-Gerede

S. 89. Z. 2: und handel*t*
Original: und handel*n*

S. 89. Z. 3 u. 6: die *D*eutschen
Original: die *d*eutschen

S. 90. Z. 13: macht gebrauche.
Original: macht gebrauche:

S. 91. Z. 9: aber *durch* alte *S*tammesverwandtschaft
Original: aber alte stammesverwandtschaft

S. 96. Z. 10: *aus* Stolz und Hochmuth
Original: *als* Stolz und Hochmuth

S. 97. Z. 9: bekleiden
Original: begleiten

S. 97. Z. 12: und selbst dem alten Gott
Original: und selbst alten Gott

S. 98. Z. 6: Liebe. —
Original: Liebe —

S. 100. Z. 15: schüchter*nen*
Original: schüchter*ndem*

S. 108. Z. 8: Inte*ll*eckt
Original: Int*e*l*e*ckt

S. 109. Z. 19: — sündhaft fühlt. —
Original: — sündhaft fühlt —

S. 110. S. 4: Inte*ll*ectes
Original: Intelectes

S. 110. Z. 4: äussert
Original: äusert

S. 110. Z. 11: geschmälert
Original: geschmächlert *(es scheint aus geschwächt, geschmälert, gebildet worden zu sein).*

S. 110. Z. 12: ist, zeigt sich erst
Original: ist zeigt sich erst

S. 110. Z. 14: *I*ndividualität
Original: *i*ndividualität

S. 110. Z. 20: sein so*ll*
Original: sein sol

S. 110. Z. 22: (mit abnehmender Intellectualität mehr instinctiv).
Original: (mit abnehmender Intellectualität) mehr instinctiv).

S. 110. Z. 23: Intel*l*ectualität
Original: Inte*l*ectualität

S. 111. Z. 1: diess ist *es* so vorherrschend
Original: diess ist so vorherrschend

S. 111. Z. 13: Individual-Anschauung
Original: *i*ndividual-Anschauung .

S. 111. Z. 17: Ein *r*eligiöses Dogma
Original: Ein *R*eligiöses Dogma

S. 113. Z. —: *Da* steht Shakespeare
Original: *Das* steht Shakespeare

S. 115. Z. 12: aufopfer*nd*e
Original: aufopfer*m*e

S. 116. Z. 2: genügen*de*
Original: genügen*d*

S. 116. Z. 11: Mitleid mit den Thieren
Original: Mitleid mit d. Thirn

S. 117. Z. 7: Gut, das Dasein
Original: Gut das Dasein

S. 118. Z. 7: des menschlichen Geschlechtes
Original: des Mensch. Gesch.

S. 119. Z. 1 u. 2: Despot,
Märtyrer,
Original: Despot.
Märtyrer.

S. 119. Z. 12: nur die u. s. w. b r i n g e n,
Original: nur die Selbsaufopferung des Starken zum Bewusstein,

S. 126. Z. —: gewiss ist, dass die
Original: gewiss ist dass die

S. 126. Z. —: de*m* Naturzustande
Original: de*n* Naturzustande

Holländer«. 4. Ouvertüre zu »Tannhäuser«. 5. Vorspiel zu »Lohengrin«. — Ueber Franz Liszt's symphonische Dichtungen. Brief an M. W. — Das Rheingold. Vorabend zu dem Bühnenfestspiele: Der Ring des Nibelungen.

Sechster Band. Der Ring des Nibelungen. Bühnenfestspiel: Erster Tag: Die Walküre. Zweiter Tag: Siegfried. Dritter Tag: Götterdämmerung. — Epilogischer Bericht über die Umstände und Schicksale, welche die Ausführung des Bühnenfestspieles »Der Ring des Nibelungen« bis zur Veröffentlichung der Dichtung desselben begleiteten.

Siebenter Band. Tristan und Isolde. — Ein Brief an Hector Berlioz. — »Zukunftsmusik«. An einen französischen Freund (Fr. Villot) als Vorwort zu einer Prosa-Uebersetzung meiner Operndichtungen. — Bericht über die Aufführung des »Tannhäuser« in Paris. (Brieflich.) — Die Meistersinger von Nürnberg. — Das Wiener Hof-Operntheater.

Achter Band. Dem Königlichen Freunde. Gedicht. — Ueber Staat und Religion. — Deutsche Kunst und deutsche Politik. — Bericht an Seine Majestät den König Ludwig II. von Bayern über eine in München zu errichtende deutsche Musikschule. — Meine Erinnerungen an Ludwig Schnorr von Carolsfeld. — Zur Widmung der zweiten Auflage von »Oper und Drama«. — Censuren. Vorbericht. 1. W. H. Riehl. 2. Ferdinand Hiller. 3. Eine Erinnerung an Rossini. 4. Eduard Devrient. 5. Aufklärungen über »das Judenthum in der Musik«. — Ueber das Dirigiren. — Drei Gedichte. 1. Rheingold. 2. Bei Vollendung des »Siegfried«. 3. Zum 25. August 1870.

Neunter Band. An das deutsche Heer vor Paris (Jannar 1871). — Eine Kapitulation. Lustspiel in antiker Manier. — Erinnerungen an Auber. — Beethoven. — Ueber die Bestimmung der Oper. — Ueber Schauspieler und Sänger. — Zum Vortrag der neunten Symphonie Beethoven's. — Sendschreiben und kleinere Aufsätze: 1. Brief über das Schauspielerwesen an einen Schauspieler. 2. Ein Einblick in das heutige deutsche Opernwesen. 3. Brief an einen italienischen Freund über die Aufführung des »Lohengrin« in Bologna. 4. Schreiben an den Bürgermeister von Bologna. 5. An Friedrich Nietzsche, ord. Professor der classischen Philologie in Basel. 6. Ueber die Benennung »Musikdrama«. 7. Einleitung zu einer Vorlesung der »Götterdämmerung« vor einem ausgewählten Zuhörerkreise in Berlin. — »Bayreuth«: 1. Schlussbericht über die Umstände und Schicksale, welche die Ausführung des Bühnenfestspieles »Der Ring des Nibelungen« bis zur Gründung von Wagner-Vereinen begleiteten. 2. Das Bühnenfestspielhaus zu Bayreuth, nebst einem Bericht über die Grundsteinlegung desselben. — Inhaltsübersicht der »Gesammelten Schriften und Dichtungen«. — Sechs architektonische Pläne zu dem Bühnenfestspielhause.

Zehnter Band. Ueber eine Opernaufführung in Leipzig. Bayreuther Blätter. — Was ist deutsch? (1865—1878). — Modern. — Publikum und Popularität. — Das Publikum in Zeit und Raum. — Ein Rückblick auf die Bühnenfestspiele des Jahres 1876. — Wollen wir hoffen? — Ueber das Dichten und Komponiren. — Ueber das Opern-Dichten und Komponiren im Besonderen. — Ueber die Anwendung der Musik auf das Drama. — Offenes Schreiben an Herrn Ernst von Weber. — Religion und Kunst (1880). — Brief an H. v. Wolzogen. — Offenes Schreiben an Herrn Friedrich Schön in Worms. — Das Bühnenfestspiel in Bayreuth 1882. — Bericht über die Wiederaufführung eines Jugendwerkes. — Brief an H. v. Stein. — Parsifal.

www.ingramcontent.com/pod-product-compliance
Lightning Source LLC
Chambersburg PA
CBHW031117020726
47495CB00007B/2232
9783744622653